L'EMBARRAS DU **CHOIX**

Infographie: Luisa da Silva
Révision: Brigitte Lépine
Correction: Sabine Cerboni et Joëlle Bouchard

Catalogage avant publication de Bibliothèque et Archives nationales du Québec et Bibliothèque et Archives Canada

Moraldi, Véronique

L'embarras du choix
Comprend des réf. bibliogr.
ISBN 978-2-7619-3443-5
1. Choix (Psychologie). 2. Contrôle (Psychologie). 3. Typologie (Psychologie).
I. Gaubert, Michèle. II. Titre.

BF612.M67 2012 153.8'3 C2012-942038-7

DISTRIBUTEURS EXCLUSIFS:

Pour le Canada et les États-Unis:
MESSAGERIES ADP*
2315, rue de la Province
Longueuil, Québec J4G 1G4
Téléphone : 450-640-1237
Télécopieur: 450-674-6237
Internet: www.messageries-adp.com
* filiale du Groupe Sogides inc.,
filiale de Québecor Média inc.

Pour la France et les autres pays:
INTERFORUM editis
Immeuble Paryseine, 3, allée de la Seine
94854 Ivry CEDEX
Téléphone : 33 (0) 1 49 59 11 56/91
Télécopieur: 33 (0) 1 49 59 11 33
Service commandes France Métropolitaine
Téléphone : 33 (0) 2 38 32 71 00
Télécopieur: 33 (0) 2 38 32 71 28
Internet: www.interforum.fr
Service commandes Export – DOM-TOM
Télécopieur: 33 (0) 2 38 32 78 86
Internet: www.interforum.fr
Courriel: cdes-export@interforum.fr

Pour la Suisse:
INTERFORUM editis SUISSE
Case postale 69 – CH 1701 Fribourg – Suisse
Téléphone : 41 (0) 26 460 80 60
Télécopieur: 41 (0) 26 460 80 68
Internet: www.interforumsuisse.ch
Courriel: office@interforumsuisse.ch
Distributeur: OLF S.A.
ZI. 3, Corminboeuf
Case postale 1061 – CH 1701 Fribourg – Suisse
Commandes:
Téléphone : 41 (0) 26 467 53 33
Télécopieur: 41 (0) 26 467 54 66
Internet: www.olf.ch
Courriel: information@olf.ch

Pour la Belgique et le Luxembourg:
INTERFORUM BENELUX S.A.
Fond Jean-Pâques, 6
B-1348 Louvain-La-Neuve
Téléphone : 32 (0) 10 42 03 20
Télécopieur : 32 (0) 10 41 20 24
Internet: www.interforum.be
Courriel: info@interforum.be

10-12

Dépôt légal: 2012
Bibliothèque et Archives nationales du Québec

ISBN 978-2-7619-3443-5

Gouvernement du Québec – Programme de crédit d'impôt pour l'édition de livres – Gestion SODEC – www.sodec.gouv.qc.ca

L'Éditeur bénéficie du soutien de la Société de développement des entreprises culturelles du Québec pour son programme d'édition.

Conseil des Arts du Canada — Canada Council for the Arts

Nous remercions le Conseil des Arts du Canada de l'aide accordée à notre programme de publication.

Nous reconnaissons l'aide financière du gouvernement du Canada par l'entremise du Fonds du livre du Canada pour nos activités d'édition.

Véronique Moraldi • Michèle Gaubert

L'EMBARRAS DU CHOIX

Comprendre ce qui nous guide en amour, au travail, dans la vie

LES ÉDITIONS DE L'HOMME
Une société de Québecor Média

A Rose,
A Alice,
A Matthieu.

Introduction

Une femme marche sur un trottoir et dans la semi-pénombre du jour qui tombe, elle voit, à travers la grille d'une maison, un couple enlacé sur un perron. Elle reconnaît cette stature, cette tête penchée… C'est celui qu'elle a choisi, qu'elle aime, celui avec qui elle vit ! Elle les regarde avidement s'embrasser longuement, soudain stupide, comme pétrifiée. Une femme trompée, elle est la femme d'un tricheur, une de ces mal-aimées !

Ceux qui ont lu le beau roman de Pascal Quignard *Villa Amalia*, ou vu le film que Benoît Jacquot a réalisé n'ont pu oublier la suite. Étonnante, violente, définitive ! Égarée mais inflexible, Ann, notre héroïne, va tout balayer en quelques jours. Tout ce qui était sa vie jusqu'à cette vision de cauchemar. Balayer cette vie d'imposture, de mensonge intolérable et quitter un mari, son bel appartement, ses pianos.

Folle subitement, comme le dira son ami d'enfance, alors qu'elle lui expose son plan… Folle, certainement ! Comme tout être trahi peut le devenir à tout instant. Aussi subitement, dites-vous ? Existe-t-il donc dans la vraie vie des gens qui, séance tenante, peuvent redistribuer toutes les cartes de leur destin, sur un coup de tête ou un coup de malheur, et partir loin sans un seul bagage, sans une explication, sans que leurs traits trahissent la moindre émotion, sans laisser la moindre trace ?

Bien sûr, notre vie ne ressemble pas exactement à un roman ou à un film, mais notre pratique de psychothérapeute est riche de témoignages comparables ou plutôt d'envies comparables. Changer sa vie pour une raison impérieuse, nous y pensons tous un jour quand l'ennui, la répétition, l'échec deviennent soudain pesants… Et si on repartait à zéro, avec la certitude de ne rien recommencer de ses erreurs passées. Du neuf, de l'authentique, du vrai… À la rencontre de ce qui est « moi, vraiment moi », dans une quête de liberté totale où l'expérience et le passé ne joueraient plus les rappels. Désormais armés, mais essentiellement vierges !

Certains comme Ann choisissent de l'expérimenter. D'autres oscillent, se perdent en contradictions, hésitent. Marche avant, marche arrière… Faut-il s'aventurer seul, faire table rase ? Ose-t-on à ce point oublier ce qui auparavant était un devoir et qui faisait des cocus magnifiques ? Sommes-nous prêts à sacrifier le conformisme pour la liberté, le mensonge pour l'authenticité ?

Sommes-nous plutôt comme cette autre héroïne du fin fond de l'Iowa, du sublime film de Clint Eastwood *Sur la route de Madison,* dans lequel on retrouve une scène au moins aussi impressionnante que dans *Villa Amalia ?* Il pleut des cordes, les visages sont flous derrière les vitres qui ruissellent. L'homme descend de sa voiture et se plante au milieu de la chaussée, tel un héros de western avant un duel. Offert et pitoyable. Elle, garée tout près, hésite… Un temps infini passe et notre cœur de midinette souhaite que ces deux-là se rejoignent, qu'elle se précipite, qu'elle quitte cette vie ennuyeuse. Ici, à Des Moines, où personne ne vient jamais… dans cette maison perdue, avec pour toute sortie une foire agricole à des dizaines de kilomètres… Des ponts couverts ? Ah oui, il y a de jolis ponts couverts tout près de chez elle, c'est pour les photographier qu'il est venu. Hier, il voulait qu'elle le suive, qu'elle vive ce bel amour pressenti. Tout se dit dans leur dernier regard. Elle restera !

Alors, il remonte dans la voiture, met son clignotant et démarre. Le sacrifice paraît à la fois idiot et grandiose. Sacrifice, disons-nous ? Ce n'est pas ainsi qu'elle le confessera plus tard dans ses carnets secrets. « J'ai choisi de rester », écrira-t-elle à ses enfants au moment où l'on ne ment pas.

Ces deux exemples opposés méritent bien d'augurer l'essentiel de ce travail sur la difficulté du choix, des choix de notre vie. Choisir sa route est toujours un dilemme. L'option suppose une perte, une frustration. Une nostalgie à vie. En amour, mais pas seulement en amour ! En fait, tous les jours, nous choisissons, et à chaque minute de notre vie. La robe rouge ou le pantalon bleu, le travail ou l'école buissonnière. Des petits et des grands choix. Des anodins. Des capitaux. S'il est relativement facile de choisir entre un thé ou un café, ce n'est plus pareil pour le choix d'une carrière ou d'un style de vie. L'évidence saute aux yeux.

Fort heureusement, certains choix, paraît-il, se « choisissent » tout seuls. Ils s'imposent, se construisent ou se hasardent peu à peu. Se « hasardent », disons-nous… mais au fait, oui au fait, sommes-nous sûrs de notre liberté de choisir ? Est-ce que pour certains cet acte important, essentiel est plus difficile que pour d'autres ? Un peu, beaucoup, passionnément ?

Est-ce que choisir s'apprend ? Sommes-nous toujours comme l'enfant qui remplit son caddie dans le supermarché ? « Et ça et ça et ça ! », dit-il tout joyeux ! Ce que nous résumerons familièrement par le beurre, l'argent du beurre et… la crémière, avec son sourire.

En grandissant, on comprendra vite que ce « tout » sans frustration n'est pas pour nous, et que l'on devra vivre tous les jours dans ce questionnement qui engage bien au-delà de nous. En effet, nos plus importants positionnements ont presque toujours de grandes répercussions sur la vie des autres. Surtout quand ils ne sont ni discutés, ni partagés.

Nos histoires d'amour finissantes devraient peut-être se terminer poliment si nous étions raisonnables. Hélas, elles s'engluent souvent dans un assourdissant bavardage que l'on nomme alors nécessaire conversation. À quoi bon les explications quand l'évidence est évidente ? « Je suis venu te dire que je m'en vais et tes larmes n'y pourront rien changer », chante Gainsbourg. Le malheur est que l'évidence n'est évidente que pour celui qui a décidé. L'autre sera la victime. On lui demandera d'accepter, de comprendre, d'avaliser. C'est tout. Il vaut mieux d'ailleurs pour l'abandonné qu'il souffre peu, car celui qui a choisi se fiche effectivement du malheur de l'autre ! Oh, pas tout à fait, il peut culpabiliser ou compatir… mais pas trop longtemps car il est déjà parti dans son ailleurs, dans son autre désir.

Si pour certains d'entre nous, choisir et confirmer son choix est facile, ce n'est pas le cas pour tous. « Je n'ai pas su choisir » ; « Je n'ai jamais rien choisi » ; « Je choisis et immédiatement je le regrette ». Voici, brièvement résumé, ce que nous entendons dans nos entretiens.

Quand il est question de pantalon rouge ou bleu, l'enjeu n'est pas grave, mais certains choix sont cruciaux, indispensables. Ils engagent pour la vie entière. Certains iront jusqu'à la mort pour avoir choisi leur juste cause. L'histoire en fait des héros, fidèles à leur engagement.

Qui décidera de faire, quoi qu'il en coûte ? Qui mourra pour rester ce qu'il a choisi d'être ? Qui regrettera sa décision aussitôt prise ? Choisit-on vraiment en toute lucidité ou bien sommes-nous contraints, ou bien encore nous laissons-nous porter « au hasard Balthazar » ? Tout un programme.

Une seule chose est sûre, prendre une décision mobilise de l'énergie. Ne pas en prendre laisse perplexe ! Suspens…

CHAPITRE 1

Tout est choix

Tout choix est effrayant, quand on y songe :
effrayante une liberté que ne guide plus un devoir.
– ANDRÉ GIDE, *Les nourritures terrestres,* 1897

C'est une banalité sans nom… Oui dans notre vie tout est choix et tout choix peut être effrayant. Aucun de nos gestes, aucun de nos mots ne s'impose d'emblée ! Ou bien plutôt, c'est en pensant ainsi que nous abordons ce premier chapitre. Avec la ferme intention de ne pas se laisser abuser par ce genre d'*a priori* par la suite.

Hier soir, Jean a décidé, après avoir programmé son réveil, de se lever à sept heures. Il a calculé très exactement le temps nécessaire pour se préparer, décidé de son heure de départ, car il a appris que s'il n'est ni ponctuel ni rationnel, sa journée de travail sera difficile… Mais voilà que ce beau matin, alors que cette maudite sonnerie résonne, *il choisit* de s'en moquer et de ne pas respecter son engagement d'hier. Il se passera ce qui se passera. *Il décide à cet instant* de s'octroyer ce petit plus de sommeil qui le mettra tout à l'heure dans une panade monstre : autoroute impraticable, dossiers oubliés, petit-déjeuner bâclé, énervement garanti !

Pour le moment, ce scénario d'angoisse et de désorganisation prévisible n'empêche ni sa sourde rébellion, ni son laisser-aller. Résigné ou fier de son retard, il ne pressera pas l'allure, se consolant d'un « c'est ainsi, je n'y changerai rien ». Il est fier, lui, le trop sage, de rejoindre ces heureux personnages qui ont la manie de se la couler douce et d'être indifférents à nos règles et à nos conditionnements ! Jean, ce matin, a fait son choix.

Alors que le jour se lève à peine, le voici, et nous avec, devant un choix que nous dirons cornélien : se lever à l'heure ou pas ! Ce qui revient à dire : sommes-nous libres *d'oublier nos devoirs* au nom de notre plaisir personnel du moment ?

Et ce n'est pas fini, il y aura encore le casse-tête du choix du restaurant de midi, des collègues à inviter ou à éliminer, des frites ou des légumes, du gâteau ou du fruit, et encore et encore d'autres décisions aussi peu importantes en apparence, mais – qu'avons-nous dit ? – presque TOUTES envisageables, qui demanderont une réponse IMMÉDIATE.

Là encore, les différences d'attitudes sont notables. Jules sait toujours et en toutes circonstances se prononcer. Marie change trois fois d'idée en quelques minutes. Pierre n'en a aucune et s'en fiche… Paul, démocrate forcené, veut qu'avant toute décision collective, le groupe vote et que tous se rallient à un panache blanc ! Avez-vous vécu cette cocasse situation ? Quelques amis en goguette décident d'aller au restaurant, lors d'un doux soir d'été. Le choix de l'endroit doit se faire à l'apéro. Alors commence un exercice commun mais périlleux qui va prendre une énergie considérable, chacun y allant de son envie. Avez-vous le souvenir précis de ce qui suit ? Des conciliabules et des prises de bec. La plupart du temps une soirée difficile… car il y a le ou les mécontents à récupérer, et la culpabilité des gagnants à avaler ! Le fait de choisir, fut-ce pour des décisions futiles, reste donc souvent délicat !

HEUREUX QUI COMME JULES…

Certains, comme Jules, se décident très vite ! Nous avons tous autour de nous des Jules éblouissants. Ils répondent dans la minute à n'importe quelle sollicitation, ils savent toujours ce qu'ils font le week-end et connaissent toujours l'endroit où ils partent en vacances. Les Jules sont des êtres merveilleux et irritants, qui vous observent avec mépris vous noyer dans tous vos possibles, en vous balançant des « alors, ça vient ? » nerveux quand vous tardez à vous prononcer. Bref, Jules n'a aucune difficulté à choisir, parce qu'il sait ce qu'il veut faire de sa vie. Injustice suprême, pourquoi Lui et pas Moi ?

Nous avons bien noté que si Jules, contrairement à Jean, se lève d'ordinaire à la bonne heure et du bon pied, c'est surtout parce qu'il sait *d'expérience* que c'est ainsi qu'il doit procéder pour que sa journée de labeur puisse se dérouler sans encombre. Principe, dirons-nous, d'économie et d'adaptation. Le temps n'étant pas extensible, les trains étant à l'heure et les rendez-vous ponctuels.

On lui a dit aussi, dès son plus jeune âge, que l'exactitude est la première politesse... *Principe respectueux et soumission à l'ordre...* Il a déjà moins de choix, ou plutôt celui de ne pas se faire remarquer et de ne pas déranger. Cette habitude « éducative » sera une forme de choix, disons générique. Un choix conditionné !

Pratique et adapté, prompt à respecter la règle et à tirer expérience de ses aventures, regrette-t-il son attitude ? La plupart du temps, non ! Il tire même quelque fierté à être un homme qui sait ce qu'il veut. Un homme fidèle qui ne change pas d'avis, disent les amateurs de la règle, un homme rigide qui a des certitudes, diront d'autres. Tout naturellement, nous sommes en droit de demander à notre « cas Jules » comment il gère, ou a géré, les frustrations, les regrets, les remords, toutes ces vilenies qu'impose un choix, en amont et en aval !

ROBE ROUGE, ROBE BLEUE, JE VOUS VEUX TOUTES LES DEUX

Dans un premier temps, celui de la toute petite enfance, nous avons l'impression que nous ne décidons de rien. Nous exprimons des désirs. Lesquels seront plus ou moins bien décodés. Père ou mère, nounou et éducateurs essaient d'y répondre au mieux ! La plupart du temps, les bougres ne brillent pas par leur sagacité. A-t-il faim, a-t-il froid, envie de câlins, ce petit être ? Les voici tout perdus et inquiets, la réponse est laissée à leur appréciation. Bien entendu, en grandissant, le message s'éclaire et dès que l'enfant sait parler, il va mettre ce beau talent en service, avec en accompagnement les cris, les pleurs… et si cette batterie ne suffit pas, les roulades avant et arrière… La panoplie complète est nécessaire à qui veut se faire entendre. Car lui seul sait bien ce qu'il veut, et doit le faire savoir !

Rendons-nous au supermarché. La scène est connue et tellement banale. Le magasin est rempli de caddies et de ménagères pressées, et c'est bien sûr devant des spectateurs sévères que le petit vilain VEUT de toutes ses forces (elles sont en hautes fréquences) une barre de chocolat ! Vous, parent, gardez le cap (éducatif), car vous avez lu toute la panoplie des bons psys, et vous expliquez que ceci ne convient pas en ce moment, mais qu'après le repas, il lui sera facile de se régaler, vu que chez vous, qui est aussi chez lui, il y en a un gros paquet. Peine perdue. Vous pouvez faire toutes les promesses du monde, le petit ne vous fait pas confiance. Pour lui, ce plaisir ne peut ailleurs se différer, il hurle et se roule par terre de colère et d'énervement.

Vous avez déjà un enfant mal élevé ! Oui, nous sommes brutales, mais si vous écoutez la dame du chariot d'à côté, vous entendrez la même conclusion. Mal élevé, votre chéri, car il ne sait pas attendre. Pour lui, la bonne réponse se doit d'être immédiate et il n'a nulle confiance en votre promesse. « Plus tard », pour le moment, n'a aucun sens, « plus tard », face à la pile de sucreries qui le nargue, veut dire « jamais » ! Cet apprentissage du temps « remis » est difficile pour lui et pour vous. Pour lui, parce que l'avenir lui échappe car il ne se conjugue qu'au présent ! Pour vous, car il faudra toute votre persuasion pour détourner son désir fougueux vers un ersatz accessible, comme le conseillent piteusement les manuels éducatifs. Essayez de dire au soudain affamé qu'il se concentre sur la petite fille si sage qui est à côté de lui, si vous le pouvez. Oui… votre enfant est réellement affamé, même s'il vient de grignoter. La vue de la chose convoitée et le souvenir du régal à la manger ayant fait surgir tous les capteurs physiologiques déclencheurs des mécanismes de la faim !

Ensuite vient à l'esprit de cet être tout neuf un semblant d'analyse psychologique ! « Quoi, cette femme qui dit m'aimer ne me donne pas satisfaction et se dresse même contre mon envie ? » C'est, pour le petit homme, la première expérience d'un choix que quelqu'un vient contrarier. La conclusion est cruelle : « Ainsi, dans la vie, je ne peux pas vraiment tout décider, ni tout avoir. Heureusement, pense l'enfant au même moment, quand je serai grand, je ferai ce que je voudrai et personne ne viendra m'en empêcher ! » Merveilleuse innocence de cette période où l'on peste de constater que l'on agit pour vous et contre votre volonté, mais que l'on pense passagère. Quand je serai grand, je choisirai ma vie, je serai acteur de ma vie… Espoir ! On va devoir attendre ce moment avec une impatience grandissante et des envies de mordre.

« Alors ma chérie, tu préfères la robe bleue ou la rouge ? » La petite fille se dandine et hésite, elle veut les deux, mais osera-t-elle le proclamer ? Elle veut les deux parce que le choix de l'une la prive de l'autre et qu'en ce moment, devant les deux tentations à égale teneur, elle est dans l'incapacité de se prononcer. Il est probable que, comme pour l'enfant au chocolat, mère et père déploieront pour l'aider des arguments honnêtes ou malhonnêtes. La bleue va merveilleusement avec la couleur de ses yeux, elle paraît plus solide ou plus légère… Certaines stratégies sont opérantes. Un peu roublardes certes, mais que le parent qui n'a jamais pêché… vous connaissez la suite. Le but étant de sortir avec UNE seule robe qui plaise… à la petite, à sa maman et probablement au budget du ménage. Les interrogés confient volontiers que l'exercice, mille fois répété, n'est pas une partie de plaisir et que les dommages collatéraux suivent. Au point que certains parents renoncent très tôt à accompagner leurs enfants et préfèrent leur allouer la somme convenue… quitte à râler ensuite ! « Ce machin que tu portes n'est pas une réussite ! » Ben si ! Ce qui est réussi, c'est que même si la robe est ignoble à vos yeux, elle résulte d'un choix assumé. C'est une expérience incontournable pour le futur, et on a déjà vu combien notre cobaye Jules se servait de ses expériences pour confirmer ses choix.

Ce premier tour de piste permet donc de supposer *qu'un vrai apprentissage peut s'opérer* très tôt et qu'il met en œuvre la possibilité, l'habitude de cerner ses désirs, mais aussi et obligatoirement la nécessité de bien vivre la frustration qui suit, ou le différé du choix, ou son renoncement. Qu'il vaut mieux s'appliquer soi-même.

DU BON USAGE DE LA FRUSTRATION. « CHOISIR, C'EST RENONCER[1] »

Nous nous amusons avec ce petit passage sur les choix entravés de notre enfance, mais nous posons tout de suite qu'ils ne sont pas anodins et que selon les traces qu'ils laisseront, ils aideront ou contrarieront la construction des deux qualités nécessaires pour bien choisir : *avoir confiance en soi* et *ne pas être sous influence.* Pompeusement, nous dirons : *être le plus libre possible.* Tout un programme, dont on voit déjà les merveilleux paradoxes.

Paradoxes, mais aussi quelques pistes à suivre qui ont à voir avec la construction de notre personnalité, notre rapport à la frustration et la façon dont nous oserons poser nos désirs et nos aspirations profondes, *devant des spectateurs plus ou moins bienveillants.*

Aperçu sous sa forme expressive dans la colère du petit enfant au supermarché, voici le grand avatar, conséquence du choix : dame frustration ! Le manque dans toute sa splendeur : ce qui nous échappe après un choix qui n'est de fait que la mise en concurrence de plusieurs possibilités. Veux-tu ceci ou bien cela, ou encore cela et encore cela ? Sans que l'on puisse dire s'il vaut mieux choisir entre les choix possibles. Les choix multiples compliquent obligatoirement la décision.

Pour les petites contrariétés, point de tracas, en général, nous savons qu'elles sont sans retentissement sur notre devenir. Sauf à mettre de mauvaise humeur les plus ombrageux d'entre nous. Ainsi, on nous raconte que certains peuvent faire un vrai scandale parce qu'exceptionnellement, le pain ou le yaourt vient à manquer lors du repas familial. Ces certains-là ne sont pas toujours des enfants capricieux, mais des grands qui n'ont pas grandi, ou des grands de mauvaise humeur, ou des grands persuadés que l'ON doit veiller à les servir et à les contenter ! Combien de disputes à ce propos ? Beaucoup trop, paraît-il. Elles vont contribuer à pourrir des situations qui n'en demandaient pas autant. Réflexe de protection après des rebuffades et des vécus douloureux d'une enfance en quête et inquiète ? *Sentiment d'inexistence quand le manque vient ?*

Tout est possible, dans ce registre, quand une troublante paranoïa s'installe ou s'est sournoisement installée, même le caprice d'enfant gâté à qui rien n'a été refusé ! En vérité, ce qui se joue est de cet ordre : comment oublie-t-on que j'existe, que j'ai besoin de ce yaourt qui me crée et me donne une place… de choix devant mon père, mes frères et mes sœurs ? Si ma mère m'aimait exclusivement, elle y penserait ! Oui, le manque va jusqu'à ce degré-là… Si on m'aimait !

Si l'enjeu n'était pas si grand, se mettrait-on dans un état pareil pour un problème de yaourt ? L'effet est le même quand le cadeau d'anniversaire est mal choisi. Il est le signe évident du manque d'amour et de l'intérêt que l'on m'accorde. Combien de récits entendus après les Noëls et jours de l'An gâchés par des présents pourris ? « Un bol ! Ma mère a eu le culot de m'acheter un bol avec mon prénom et j'ai vu ma sœur comblée par un pull luxueux. » Mauvais choix, mère ! On doit satisfaire tous ses enfants !

Dans cette problématique, l'ennui vient du fait que la frustration se lie d'amitié avec ces autres vilaines amies que sont la colère, l'émotion et la rumination. La rumination, surtout, est patiente et endurante. Elle va répéter indéfiniment ses conclusions : « On ne m'aime pas assez, c'est une évidence puisqu'on ne me contente pas ! »

J'en déduis donc que je ne peux pas VIVRE sans cet objet CAPITAL qui m'est refusé, et qu'à cet instant, la vie ne vaut pas la peine d'être vécue puisqu'elle l'est au rabais ! De là à conclure qu'il en sera toujours ainsi… le pas est vite franchi et certains sont tellement inscrits dans ce discours qu'ils arriveront à se conditionner à ne rien désirer, pour ne pas connaître la déception. Petit à petit, le désir s'échappera, s'enfuira, au profit de la morosité. Combien encore de confidences entendues qui ne disaient rien d'autre: « Je ne demande rien, comme ça, je ne suis pas déçu. »

Erreur grossière. À ne rien demander, on s'expose à ne jamais vivre la doucereuse expérience du renoncement maîtrisé et choisi. En effet, le fait de formuler un désir quelconque, de se voir répondre un non catégorique et ne pas en souffrir s'apprend petit à petit! Le plus tôt est en général le mieux. Reprenons l'exemple de notre capricieux au supermarché qui hurle sa colère… Si maman, très psychologue, propose une « honorable solution de remplacement », le petit va très vite oublier le bonbon convoité! Il va apprendre ainsi que renoncer à son désir pour une autre possibilité n'est pas obligatoirement un drame. Il n'a pas ce qu'il souhaite aujourd'hui mais peut-être l'aura-t-il demain ou… bientôt.

Nous vous recommandons, pour plusieurs raisons, la lecture du livre *L'envie*, de Sophie Fontanel[2] (cette si drôle journaliste qui, sous le pseudonyme de Fonelle, nous amuse tant avec sa rubrique loufoque[3]). Elle s'y livre à l'analyse des effets de l'abstinence sexuelle. Un vrai choix, pas si rare que cela, dit-elle (et nous confirmons), parce que « on ne s'y voit plus, le plaisir sexuel n'en vaut pas le coup ». Voilà qui est pathologique, anormal, dites-vous sans réfléchir? Eh bien non, c'est un choix de circonstances. Il faut comprendre qu'à un moment donné, un comportement, une pratique usuelle à tous les mortels ou presque peut devenir impossible pour quelqu'un. « Les hommes pour l'instant, basta! Tu jouis d'un sentiment de liberté grisant et paradoxalement, d'une immense sensualité… en t'en passant », écrit-elle. La pause n'est pas frustration. Elle est frigide, elle a peur des hommes, élucubrera le spectateur? Qu'importent les commérages, qu'importent les raisons, qu'importe si aucune n'est la bonne. C'est sa propre décision qu'il faut imposer.

Nous choisissons volontairement cet exemple parce qu'il est rare qu'une personnalité ose revendiquer un choix apparemment si « tarte » dans notre société apparemment si portée sur le « sexe » et parce que ce choix n'est pas à nos yeux une pruderie imbécile. Il pose la nécessité d'être en harmonie avec lui, de pouvoir le justifier dans sa tête, et de cesser de faire comme si… parce que les pratiques autour supposent que ce n'est pas ainsi qu'il faudrait faire.

Différer, voilà le mot réparateur pour les grands comme pour les petits choix. Il demande seulement un peu de patience. Certaines possibilités doivent être repoussées parce qu'au moment où elles se présentent elles nous sont refusées, ou que nous ne saurions les gérer. Il s'agit parfois d'un problème de temps et de maturité. Ainsi, certaines jeunes filles soutiennent qu'elles peuvent « faire l'amour sans amour, comme les mecs », d'autres, prendre un amant sans s'y attacher… Il n'est pas question de dire que la chose est difficile, ni qu'il faut attendre d'être prêt pour commencer une action ! Non, l'expérience seule peut le dire (et on ne peut rien présupposer). Il s'agit de proposer une autre option, une pause, si le premier choix s'avère mauvais ! C'est rarement impossible. Surtout pour le choix de la séance de cinéma ou du gâteau au chocolat… Demain, demain, disent les fées, demain !

Un demain possible, probable, que l'on peut appréhender, disent les grincheux, car autrement c'est encore du renoncement ? On fait souvent ce procès aux psychothérapeutes : « Vous êtes des briseurs de rêve, en quelque sorte. Vous voulez faire de nous des résignés ! » Pris au premier degré, ce n'est pas totalement faux.

Christine nous raconte que son homme ne l'aime pas assez. Nous entendons « pas comme elle souhaiterait qu'il l'aime ». Nous répondrons (seulement si on nous en prie, car les psys sont de grands muets) qu'il faut faire avec, OU BIEN chercher ailleurs. Ce qui fait quand même deux propositions et nécessite un choix ! On est loin d'un renoncement pathétique, mais bien dans le refus ou l'acceptation d'une situation de frustration. Est-ce une bonne définition de la résignation ou une sagesse de Bouddha ?

Nous évoquions plus haut les fausses amies liées à cette frustration : colère, rumination. À vrai dire, elles sont envahissantes et mortifères. La colère de l'enfant privé de son bonbon est franchement démesurée ! Que dire de la rumination de tous les instants que cause un amant fugitif ou distrait ? Qu'elle empêche de vivre, l'essentiel du temps étant consacré à élaborer des projets ou des stratégies pour récupérer le volage, faire qu'il soit celui que vous attendez, qu'il téléphone, qu'il se manifeste ? Objectif fou et voué à l'échec. On a peu de prise sur les choix fondamentaux d'autrui, peu de possibles pour le convaincre qu'il doit ou qu'il pourrait accomplir ce que l'on souhaite.

Différer, gérer sa frustration, voilà exactement ce que Jules sait faire. Il sait choisir et sait renoncer quand on lui résiste. Les angoisses du choix ne sont pas pour lui. Par contre, beaucoup d'autres s'y noient.

L'ANGOISSE DU CHOIX

« Longtemps je demeurai ainsi, le corps détendu, l'esprit souple, disponible, prêt à considérer tout ou partie de ma vie, à remettre en cause l'ensemble de mes choix. Le seul problème, c'est que je ne savais pas par lequel commencer[4]. »

Marie revient de sa balade habituelle : « lécher les vitrines » (nous, Françaises[5], voyons tout de suite de quoi il s'agit, disons « magasiner » pour nos amies du Québec). Marie est à la fois furieuse et angoissée. Elle n'a pas fait le bon choix, dès sa sortie de la boutique, elle a eu un pressentiment, qui s'est aggravé tout au long du retour… le paquet devenant de plus en plus en encombrant, au point qu'elle aurait souhaité l'oublier dans le métro ou qu'un voleur à la tire l'en débarrasse. Heureusement, elle a demandé dix fois à la vendeuse (roublarde et désagréable) si elle pouvait venir changer l'objet demain. Pourquoi l'a-t-elle pris, puisqu'il lui plaisait à demi ? Cela reste un mystère. La vendeuse a insisté avec de bons arguments, parce qu'elle sait comment convaincre les hésitantes. C'est un métier : convaincre et persuader s'apprennent. Il y a là-dedans une prise de pouvoir de l'une sur l'autre, deux rapports de force qui s'affrontent. Marie n'a nul besoin de ce pull onéreux, fragile, trop voyant. Que dit la vendeuse ? « Il sort de l'ordinaire, avec cela vous ne ressemblez à personne » (certes, peu de gens l'ont élu…). Bref, elle a flairé ce dont

Marie l'indécise avait besoin. D'originalité, de personnalité nouvelle… Avec ce pull, Marie gagne un petit plus. Marie a craqué et deux heures après elle pense que cet objet est laid et inutile. Toute la nuit, elle va se demander si elle aura le courage de l'échanger. Osera-t-elle affronter le mépris dans les yeux de la vendeuse?

Riez, femmes frivoles qui vivez ceci à chacun de vos achats « compulsifs ». Finalement, pourquoi le changer? Il n'est pas si mal… et si elle l'offrait à sa mère? Si et si. Elle ne songe plus du tout à le porter.

Voilà pourquoi les placards des filles sont remplis de fringues jamais mises, mais jamais jetées. Voilà pourquoi l'amie Marie va vous harceler au téléphone, pour que vous l'aidiez à y voir plus clair. Voilà pourquoi les filles qui vont magasiner y vont souvent par deux. Deux conseils valant mieux qu'un. Avouez que ce problème ne vaut pas un tranquillisant, sauf s'il se répète, et sous les formes les plus graves. On pourra alors parler de trouble pathologique!

Les choix amoureux, et surtout le fameux « je pars ou je reste », qui fait l'essentiel du questionnement des couples, est un beau laboratoire d'analyse. Angoisse et nuits blanches garanties, on vous l'assure, pendant… un certain temps. On en voit qui en font commerce toute leur existence. Dernièrement, sur les écrans, on pouvait rire ou pleurer avec *Pourquoi tu pleures ?*, un film de la réalisatrice Katia Lewkowicz, sorti en 2011, à propos du casse-tête du pauvre héros prêt à se marier qui, au dernier moment, n'a qu'une envie: fuir! Sujet sans originalité, dites-vous, car toutes les plaisanteries autour du fameux « oui » devant monsieur le Maire ont été dites. D'habitude, ces soucis sont tus par politesse et inhibition extrême, pourtant ils existent bel et bien. Que suis-je en train de faire? Pour combien de temps? Et si… Encore une fois… Et si?

Ce grand mariage très en vogue pour toutes les catégories de population est tout un symbole. Certains foyers modestes s'endettent des années pour l'offrir à leurs enfants. Très codifié, il fait désormais la joie et la fortune des marchands du temple. Robes, banquet, château, voiture de luxe, attraction exceptionnelle, rien n'est trop beau pour ce jour que vont fixer des centaines d'appareils photo. Solennel, ostentatoire, affiché sur les murs, prononcé devant tous, il a pour talisman deux anneaux dorés ou diamantés.

Heureusement, ou malheureusement, le corps social bienveillant entoure de fleurs et de fête le doute du (ou de la) postulant(e). Osera-t-il (elle) prendre *subito presto* le train pour l'Argentine, laissant le marié ou la mariée en pleurs sur les escaliers de la mairie ?

« Je gère », dit le futur marié de notre film à sa sœur dubitative devant son désarroi.

- « Tu gères… Mon c… »

Scène efficace, aux accents bien familiers ! Si vous êtes attentifs, vous remarquerez qu'après les deux « oui » des jeunes mariés, un soupçon de soulagement plane sur les têtes des convives, comme si avant cette affirmation attendue tout pouvait advenir, et bien sûr le pire ! Que l'un des deux se dédie au moment ultime, entraînant l'humiliation suprême pour celui qui est refusé, la dépense gâchée, l'énergie remisée pour tout le groupe impliqué. Est-ce que des situations aussi délicates existent dans la vraie vie ?

Nous en avons personnellement vécu une seule. La jeune fille a décidé quelques jours avant la date engagée de refuser son promis. Trop angoissée pour ce choix, elle voulait « encore » un peu de temps. Les cadeaux, la robe, les invités et le traiteur ont patienté au moins une bonne année, mais les fiancés se sont finalement épousés. Le pauvre homme… disait le chœur des invités, il a bien de la patience ! Il en fallait pour supporter l'air affligé des garçons d'honneur et les pleurs de sa chérie. Ou bien est-ce cela, l'amour ? Une grande sollicitude et un grand respect de la décision de l'autre ?

« Je n'arrive jamais à choisir, tellement le choix m'angoisse, ou je remets toujours mon choix et mes actions à demain. » Cela s'appelle d'un doux nom, champion toute catégorie des devinettes et de mots croisés : *la procrastination.* Une pathologie supplémentaire.

Ce handicap, dont l'âne de Buridan est le parfait exemple, sera largement abordé dans les chapitres suivants, car c'est lui qui crée ces personnages que, pour la commodité du propos nous avons nommés « les pétrifiés ».

QUAND DEUX CHOIX SE VALENT OU LE DILEMME

Les lecteurs d'Aristote ont tous réfléchi avec lui à ce que l'on nomme « un dilemme ». Ce mot ne veut pas dire que le choix est impossible, mais *que le résultat sera identique quel que soit le choix.*

Ennuyeux, dites-vous ? Pourquoi se casser la tête si travailler là ou ailleurs est d'un même confort ou d'un même déplaisir ? Ennuyeux, mais très fréquent. Comment alors vous entraîner, cher lecteur, dans cette lecture de 200 pages si c'est pour conclure que partir ou rester est du même ressort et peut vous contenter tout autant ? Imaginez que votre chef de service vous propose une merveilleuse promotion à New York et une aussi belle à Paris. Les deux ont des avantages prodigieux et vous tentent à l'identique. Comment dégager le petit plus ou le petit moins qui va vous décider ? Dans votre supermarché, vous avez l'habitude de cet exercice qui, en général, se résout grâce au prix à payer. Vous voici, hésitant entre la lessive Machin et la lessive Tartempion… Vous avez lu dans quelque revue d'aide à la consommation qu'elles sortaient toutes de chez le même distributeur. Vous allez en conclure que vous pouvez donc vous contenter de la moins chère. Le résultat obtenu ensuite sera une affaire d'appréciation. Donc un indice de satisfaction. Votre linge sent la fleur d'oranger, il est blanc, plus que blanc, il est doux, doux, doux… sans assouplissant. Devant votre corvée achevée, vous vous surprenez à fredonner le petit air qui accompagne le message publicitaire ! C'est gagné, vous êtes convaincu, vous réitérerez votre achat parfait.

Il est fort probable, par contre, qu'il faille patienter quelque temps pour savoir si votre choix entre Paris et New York a été judicieux, s'il a vraiment répondu à vos attentes du moment. Il faudra pour s'en assurer *a posteriori* se livrer à une analyse très honnête, les paramètres étant nombreux et très sujets à volatilité. Tant qu'on ne l'a pas expérimenté, le choix est livré à nos fantasmes, à nos suppositions, à nos imaginaires. Quand vient la réalité, il s'avère bon ou moins bon… ou acceptable. Tout est dit. Un bon choix se confirme dans le futur.

Le fameux dilemme du départ laisse supposer que deux solutions sont semblablement possibles, mais oublie de dire que le résultat sera ce que l'on en fera… qui peut être très différent. Je décide, après une affreuse prise de tête, de partir à la Martinique plutôt qu'à la Barbade. Hélas, un joli cyclone gâche ma plage et mes bains de mer, et je ne sais occuper mes journées car j'ai oublié ma pile de livres. Ce qui a été un dilemme se transforme en cauchemar[6].

Peut-on supposer que Pierre ou Paul soient à égalité sur la liste du choix du compagnon de votre vie, au point qu'ils soient eux aussi un vrai dilemme ? Bien évidemment. Quand vous rencontrez Paul, il est pour vous une promesse de bonheur. Quelques semaines après, Pierre surgit avec une autre proposition de bonheur. Il est possible qu'à ce moment-là, les deux vous paraissent également agréables. Que faire ? On ne peut vous conseiller d'essayer les deux. Pierre et Paul ne sont pas des paquets de lessive et répugneront à se mélanger dans votre machine ! Oui, là est le vrai problème et de là découlent toutes nos vraies angoisses.

LES CHOIX QUI COMPTENT : AMOUR, CARRIÈRE ET BONHEUR

À grands choix, grands soucis, l'affaire se complique à l'infini.

Ces grands choix déterminent notre chemin, notre engagement. Ils se nomment *sexualité, métier, attachement, idéal de vie*. Ne voyez pas là un quelconque classement par ordre d'importance. Tous ces éléments sont capitaux pour une vie réussie. Nous avons immédiatement mené un petit sondage et demandé ce qui comptait le plus dans cette gamme-là ! Eh bien… le choix amoureux se loge au premier rang. C'est à lui que l'on pense d'abord comme une évidence, sans réfléchir. Ce n'est guère étonnant, en ce début de XXIe siècle où la vie affective semble prendre plus d'importance. Nous avons noté ce changement au fil des ans. Membres de jury lors de certains concours de haut niveau, nous avions pris l'habitude, lors des oraux, de demander aux étudiants de classer leurs choix par ordre de préférence. Préféraient-ils réussir leur vie professionnelle ou leur vie familiale ? Pendant longtemps, la vie professionnelle trônait en tête de liste, puis un bon jour, ce fut le contraire ! Féminisation des prétendants, changements profonds dans les mentalités ? Il paraissait désormais que l'on préférait les douces joies de la vie familiale aux tracas et aux réussites de la vie professionnelle. Parfois, à la question piège, les plus futés répondaient : « les deux, mon capitaine » et s'attiraient les foudres des correcteurs qui en profitaient pour les traiter d'innocents. Comment concilier sa vie d'ingénieur en chef et ses quatre marmots, quand on est une femme ? « Impossible ! » disait le jury en colère ! De quoi désespérer ces pauvres jeunes gens.

Cet exercice nous a toujours paru un peu niais, mais il a le mérite de lancer la conversation. Les interrogés, malgré leur inexpérience, voient immédiatement la gravité de la question. Ce ne sont plus des choix d'un jour. Métier, idéal de vie, amour sont des choix de longue durée qui conditionnent souvent une vie entière, ou pour le moins un certain temps. Ils demandent donc une réflexion sérieuse, ils engagent à la vie et à la mort. Sont-ils le résultat d'un désir bien mené, l'aboutissement d'un cheminement logique ?

LA QUÊTE AMOUREUSE

Pour contenter tout de suite nos lectrices, suivons l'ordre élu, et entendons que le choix de l'amoureux est CAPITAL. Il faut dire que l'on s'emploie très tôt et sans arrêt à chercher la perle rare ! C'est une affaire de tous les instants, dès la petite enfance, il faut avoir son amoureux. Projection magique de l'idée du bonheur à deux qu'ont nos civilisations occidentales. Accrue depuis la période romantique où d'audacieux optimistes ont vu dans l'union de deux êtres la seule façon de toucher la félicité et un coin de paradis. « Un seul être vous manque et tout est dépeuplé... La femme est l'avenir de l'homme », ainsi chantent nos poètes ! Qui est seul est désespéré et le célibat sent le soufre. Nous voyons encore des jeunes filles pleurer de ne pas être, comme les autres, accompagnées d'un amoureux. Que dire de toutes ces esseulées, belles, intelligentes, qui courent après leur prince ! Nous, pauvres thérapeutes, à l'écoute des malheurs que cause l'AMOUR, serons plus réservées et consentirons même à opiner quand l'un de nos vieux amis nous déclare, un brin goguenard : « L'un des avantages de la vieillesse est de ne plus être tracassé par les histoires d'amour ! » Soit, mais il est encore trop tôt pour vous lecteur ? Alors suivez-nous.

Hasard des rencontres, amitiés héritées de l'enfance, où es-tu toi, mon alter ego, ma moitié, mon double, mon grand amour, mon prince charmant ? Comment saurai-je que c'est toi ? Les neurobiologistes[7], attentifs au règne animal, ne refusent pas de valider le foudroyant coup de foudre (oui, il mérite cette répétition). Là… point de choix, vous êtes pris et cuit. C'est Éros et sa flèche sur vous lancée, une distinction divine, un coup du sort, une fée sur votre destinée penchée. Rappelez-vous les vers raciniens et magnifiques de Phèdre[8] :

> **« Je le vis, je pâlis, je rougis à sa vue,**
> **Un trouble s'éleva dans mon âme éperdue. »**

C'est beau, n'est-ce pas, et nous vous jalousons si la flèche d'Éros vous a marqué ainsi. Pour tous ceux qui se sont unis parce qu'il le fallait, parce qu'ils n'avaient pas mieux, qu'ils ne supportaient plus la solitude, quelle claque !

C'est pour cela, pour cette folie-là, qu'ils risquent de continuer à chercher leur vie durant. Ils ont lu *Phèdre* et *Belle du Seigneur*[9], ils ont regardé la télévision, ils veulent goûter cette félicité. Quant aux bénis des dieux qui l'ont ressentie, goûtée, éprouvée… ils en redemandent. Eh bien, il faudra cultiver cette première terre à vie pour qu'elle ne devienne pas un champ de ruines désespérant.

S'ils ont lu *Belle du Seigneur*, il faut espérer qu'ils ne se sont pas arrêtés aux 500 premières pages, parce que ce qui se passe ensuite est important, et ils ne sauront rien de l'après coup de foudre et de l'après de la grande passion ! Rien de l'usure de ce fol amour qui, à la longue, par trop de fougue, se détruit lui-même, comme un cafard qui rongerait son propre intérieur, mais nous stopperons là les généralités et maintiendrons le suspens jusqu'au chapitre consacré... au paradoxe amoureux.

LES CHOIX TROUBLANTS OU CONFORMISTES

Nous avons, en d'autres circonstances, beaucoup parlé de ce que nous nommerons, les *choix troublants*[10]. Notre modeste contribution à réflexion vous a permis de conclure alors avec nous que ces choix étaient quelque peu contraints par des « parasites » dont il fallait avoir conscience. Par exemple, on n'épouse pas le clone de maman sans problème. Certes, on consent à reconnaître que ce n'est pas interdit, seulement casse-gueule ! À vous de voir. De même pour la petite copine du cours préparatoire ! Les amours enfantines ne sont pas promptes à évoluer de concert. Souvent, elles se figent et nous figent. Bon, on sait qu'au même instant vous pensez à Lili et Jean qui ont bien mené leurs amours et qui sont encore amoureux comme au premier jour de l'école primaire ! Certes, mais une hirondelle ne fait pas le printemps et tant pis si nous prenons des risques en réduisant les prétendants probables. Quand vous ferez votre liste des possibles, elle n'en sera guère affectée car il y a du monde sur la planète, que diable ! Soyez d'abord audacieux, sortez de votre patelin même si la *vox populi* affirme que l'amour est toujours au plus près de vous. Quant à la réussite professionnelle, la même voix clame qu'il faut parfois la chercher bien loin car « Nul n'est prophète en son pays ». Elles se contredisent... À vous de jouer !

Le hasard des rencontres est le seul hasard auquel nous croyons. Que faisait cet homme, à ce moment-là, dans ce lieu-là, alors que je devais être moi-même ailleurs et que lui n'avait vraisemblablement rien à y faire non plus ? Hasards de train et d'avion ratés, mais aussi légitime rencontre professionnelle ou amicale qui ne doit rien au magique. Une heureuse rencontre sur ma route. Peut-être a-t-il les yeux de votre grand-mère ou les cheveux de votre père, des signes familiers ! Mais ceci n'empêche rien, d'ailleurs vous ne le verrez que plus tard. Cet amour naît *d'une certitude : « entre nous tout est possible », certitude païenne de reconnaissance.*

Puis, il y a ces choix amoureux qu'il faut endosser et qui ne « seraient » pas tout à fait les nôtres. Heureusement, on ne marie plus les enfants comme au siècle dernier, mais les préjugés de classe et de race ont la vie dure. On n'épouse pas une autre religion, une autre couleur de peau, un autre ordre social sans difficulté. Les « Je me suis retrouvée ficelée parce que je plaisais à sa famille et je savais bien que ce n'était pas le bon, mais je n'ai pas osé m'enfuir » sont aussi très fréquents. Les exemples ne manquent pas qui montrent que notre choix est soumis à l'approbation de notre entourage, mais aussi à nos propres limites acquises et acceptées. Ce qui est un choix, c'est d'y adhérer ou non : « J'accepte les règles, les us et coutumes de mon milieu, ou je me dresse contre. » Savoir cela empêche de se plaindre pour un oui, pour un non, et pose déjà ce problème de la liberté du choix dit conformiste qui nous rattrapera quelques pages plus loin, car cette constante n'est pas uniquement l'apanage de la relation amoureuse, nous la retrouverons aussi subtile dans nos choix de carrière, ceux de nos amis, ou de notre façon de vivre en général[11].

CHOISIR SON MÉTIER

On peut penser que pour le choix du métier, une meilleure rationalité va s'imposer. On est là encore dans du sérieux, en pleine osmose avec une réalité qui fait loi et où vont jouer des facteurs économiques, les places offertes, le chômage de certaines branches de l'emploi. Ces éléments de réflexion, très indépendants de notre désir, vont bien sûr compter et limiter nos ambitions personnelles, orienter nos goûts.

Dans nos pratiques quotidiennes, quand nous demandons à un enfant très jeune ce qu'il voudrait faire plus tard, les réponses sont spontanées et étonnantes. Champion toute catégorie chez les garçons: «pompier», et chez les filles: «coiffeuse». Les psys s'étonnent de la fréquence de cet engouement, mais leurs réponses sont argumentées. La grande échelle et le camion rouge pour les uns, la poupée que l'on aime coiffer pour les autres! Ne manquons pas de souligner au passage que déjà les sexes s'investissent chacun dans un conformisme social qui a la vie dure! Les filles continuent à vouloir être infirmières et les garçons médecins! Fantasme actuellement fort démenti par les statistiques (puisque les médecins sont féminins à 70 % en France et que la médecine familiale au Québec est exercée à 71 % par des femmes!). C'est heureux pour l'évolution de la place des femmes, mais le discours n'a pas encore évolué, preuve que le fantasme a la vie plus dure que la réalité, et qu'il reste signifiant.

À cet âge-là, le choix du métier est avant tout rêvé et ce rêve tient à peu de chose. Une image, une projection, une rencontre. Une image, pour le camion des pompiers et sa sirène. Rares sont ceux qui nous parlent du rôle de sauveur magnifique que jouent ces soldats du feu. La grande échelle fascine plus que la fonction. La projection vient plus tard, quand l'idée se construit et imagine ce que représente le métier, soit parce qu'on a dans l'entourage un bel exemple, soit parce qu'on en admire l'utilité ou l'aura. Surtout l'aura, qui devient alors synonyme de célébrité et de son amie intime, le «fric». L'exemple du chanteur ou de l'acteur de cinéma ou de télévision va alors remplacer le brave pompier!

«Je veux être chanteur, comme...» Ces petits pensent encore que l'on peut pousser la chansonnette sans trop d'effort et qu'ils auront, comme ceux de la *Star' AC*[12], le succès immédiat, le prestige et tout ce qui va avec. Aïe! Gare à ces rêveries de l'imaginaire! Si elles perdurent, le réveil risque d'être brutal. Surtout que personne n'a vraiment le droit de les décourager immédiatement ou de les mettre en garde contre certaines illusions grandement véhiculées par une société trompeuse! Certains désirs sont nés de rêves d'enfants qui vont au bout du chemin ! N'avons-nous pas entendu dire, par des écrivains de renom : « J'ai toujours su que j'écrirais… » Et ils l'ont fait. Ce qui suppose une fidélité totale à sa façon de se projeter et une permanente volonté pour ne pas s'en laisser détourner. Il y a tellement de chausse-trapes… les résultats scolaires qui parfois démentent l'envie, les pressions familiales ou sociales, le découragement. Y ajouterons-nous la malchance et la fatalité ? Parfois. Nous avons connu une Elsa qui voulait danser et qui dansait déjà si bien, mais que son genou fragile a trahie. Un Mathieu qui échoua de très peu, tout près de l'arrivée en Normale Sup[13], fatigué et découragé à un pouce de l'arrivée ! Il leur faudra des trésors d'intelligence pour se reconstruire autrement et abandonner ce qui fut un moment à la portée et à la mesure de leur désir. Pour d'autres, la bataille s'engagera parfois contre l'avis des parents et de la famille. « Tu seras polytechnicien, mon fils », est un cri de guerre connu qui a inspiré le livre de Teodor Limann sur les classes préparatoires qui préparent aux grandes écoles, en France[14]. C'est une plaie pour les enfants et une souffrance pour les parents abusifs. Avez-vous remarqué que chaque parent jure sur l'honneur que son fils ou sa fille choisira ce qu'il veut faire, pourvu qu'il soit heureux ?

Rien n'est plus faux. Ou plutôt, c'est l'idée du bonheur vu des deux côtés qui chiffonne et crée ce malentendu. Le parent projette sa propre idée du bonheur et les images qui vont avec : argent, réussite, tranquillité ou gloire. Tout mais pas artiste peintre maudit, dit le corps social, ni un petit fonctionnaire sans ambition, clament les autres… C'est selon le milieu. Nous voyons là se profiler une nouvelle donne qui est la « place » dans la société. Place qui va contaminer le vrai désir, ou tout au moins l'orienter. Un enfant dans une famille formatée peut difficilement s'en échapper. Ainsi, il y a des dynasties où l'on est médecin de père en fils, ou ministre, ou énarque, ou… polytechnicien, sans se demander si on l'a vraiment voulu. Sur les rails, dirons-nous.

CHOISIRAIT-ON SON MÉTIER BIEN MOINS QU'ON LE PENSE ?

C'est possible. Les grandes écoles, les universités, l'école même parlent d'un tronc commun de connaissances utiles qui dirigent ensuite vers un faisceau de métiers et une polyvalence que d'autres, d'ailleurs, récusent. Depuis quelques années, on élève nos enfants pour qu'ils puissent s'adapter à plusieurs possibles ! Adaptation égale depuis longtemps intelligence, chez nos élites. La structure sociale en perpétuel mouvement le demande. Inutile de former des latinistes ou des hellénistes distingués car il n'y a pas de travail pour eux, entend-on ici et là, ou de former des cuisiniers quand il manque de mécaniciens.

« Je n'ai fait que mettre mes pas dans ceux de mon père, j'ai choisi sans me poser de question. » C'est effectivement le cas pour les descendants de ces familles où la fonction semble héréditaire. Non, ils n'ont pas démérité, ils n'ont pas hérité du titre sans nuits blanches et gros travail, ils n'ont eu souvent aucun passe-droit ! Mais ils n'ont pas vraiment choisi. Il fallait continuer une lignée de paysans, de médecins, d'architectes ! Certains en sont heureux, car ils ont fusionné avec la volonté familiale, d'autres ne s'y sentiront jamais bien. « J'ai dû reprendre l'affaire familiale, je ne le voulais pas, ce travail ne me plaît pas, ce n'est pas moi. Je n'ai pas vraiment choisi. »

Voici l'échec de toute une vie qui s'exprime. Les raisons de ce « choix/non-choix » sont souvent multiples. Elles sont autant de marques de soumission au carcan familial ou à ses nécessités, et de privation de liberté pour celui qui s'est tu. « Je n'ai pas continué mes études parce que mon père ne le souhaitait pas... Mes parents ne pouvaient m'offrir cette possibilité-là, ils n'avaient pas les moyens financiers pour payer ces études coûteuses » ; « Mon père a bâti sa petite entreprise avec tellement de courage et d'abnégation que je ne pouvais pas m'enfuir. » Regrets mille fois entendus et parfois combattus par les énergiques dénégations de ceux qui y voient une forme de mollesse.

Ces fiers-à-bras n'admettent pas que l'on omette le fameux « quand on veut, on peut ». On les remarque car ils sont inoxydables, avalent les échecs et les couleuvres sans broncher ni se plaindre. Demain est leur espoir, ils cheminent sans concessions. On lit le récit de leur vie comme un roman. Ils balaieront donc ces arguments d'un revers de la main. Mauvaise foi, excuses faciles... disent ces partisans de la volonté à tout prix.

Il est vrai que cette obéissance acceptée explique en partie ces apparents non-choix, mais il y a des cas plus pervers, où l'on pense avoir choisi en toute liberté, avant que l'analyse ne vienne prouver le contraire et dévoiler que le conditionnement est une denrée subtile qui peut se glisser dans tous les espaces. La révélation venant souvent trop tard... Comme un dégrisement progressif ou comme un coup de poing fulgurant! Ce sont ces phénomènes qui causent parfois les grandes ruptures que nous verrons plus loin. «On m'a mené en bateau, on m'a menti, je suis déçu.» Dans tous les cas, il s'agit de se retrouver, de retrouver sa vraie personnalité. Celle qui peu à peu s'est construite ou déconstruite, et qui ne colle pas avec celle qui est plaquée. Un enjeu ravageur et considérable dont nos exemples témoigneront au chapitre qui suit. Un espoir ou une folie insensée, seule solution au mal-être et réponse à sa vérité. En amour comme dans son métier.

L'ÉTOFFE DU HÉROS, LA PALME DU MARTYR

Le «choix contre» est généralement un choix courageux et élaboré, en dehors bien entendu de celui des adolescents en crise qui, eux, ne rechignent pas à mettre des négations partout. C'est de leur âge, dirons-nous! Il faut bien tout critiquer avant de choisir, ou pour le moins faire preuve d'esprit critique avant de tout gober. Si vous les fréquentez, vous savez que dans ce groupe constitué tout est NUL. Les parents, les professeurs, les politiques, les vieux qui bouffent leur retraite et ceux qui laisseront une terre apocalyptique rongée par leur avidité égoïste. Ils n'ont pas toujours tort; ils ont tort de tout mélanger; ils ont tort de ne pas communiquer adroitement.

Dire non à la mentalité ambiante, à la loi qui prime suppose un ferme positionnement. Comment s'opère-t-il? Comme toute grande décision, après mûre réflexion ! Nous ne savons pas s'il faut parfois, muni d'un papier et d'un crayon, faire deux listes avec les « pour » d'un côté et les « contre » de l'autre. Nous savons seulement que toute décision qui n'est pas dans la norme *coûte bougrement* et qu'elle fait parfois l'habit des héros… ou *a contrario* celui des monstres. Elle est en rupture avec… mais diffère de la rupture-fuite que nous aborderons dans le dernier chapitre. Il faut de prime abord un esprit critique développé capable d'analyse et une intention ferme d'agir. Les impétrants savent qu'ils vont essuyer critiques et peut-être même menaces. Ils vont essayer malgré tout de faire passer une idée, un concept, une vérité.

Que pensait le Général de Gaulle le 6 juin 1940, quand il a décidé de ne pas accepter la défaite de son pays ? Qu'il devait lutter contre un envahisseur et une conception de l'humain intolérable. Comment vivent les résistants de toutes les dictatures ?

Que pensait Martin Luther King quand au prix de sa vie il menait son combat contre le racisme ? Robert Badinter quand il luttait contre la peine de mort ? Simone Veil, insultée et raillée, quand elle a choisi de promouvoir les lois pour l'avortement légal ? Que c'étaient de bons choix pour l'avenir de l'humanité. Des idées, des orientations pour lesquelles il fallait se battre.

Ces caractères bien trempés n'ont peur de rien, portés par leur grande conviction et la justesse de leur choix. Justesse du propos, c'est ce que nous retenons et c'est ce même mot de « Justes » que l'État d'Israël a retenu pour qualifier tous ceux qui, au mépris de leur vie, ont accepté d'aider les juifs traqués par les nazis.

« Monsieur le Président, je vous fais une lettre que vous lirez peut-être si vous avez le temps[15]… » La suite confirme que le soldat n'ira pas à la guerre pour tuer les pauvres gens. Trahison pour la patrie, respect de ses valeurs personnelles, le déserteur va en prison en temps de paix et est fusillé en temps de guerre. Les historiens qui nous lisent penseront avec nous à tous ceux qui ont refusé de se battre lors de la Première Guerre mondiale et ont été fusillés au nom de la France. Le parti de la paix à tout prix est une idée récente. Il n'était pas bon jusqu'ici de choisir le camp des trouillards et des lâches. L'engagement des armées américaines au Vietnam et ses horreurs ont entraîné une levée de protestataires silencieux et dignes, ce qui nous permet aujourd'hui de regarder les pacifistes d'un œil plus clément et de conclure qu'aucune guerre n'est bonne et légitime, que l'on peut choisir d'être objecteur de conscience sans être un traître.

En évoquant ces choix difficiles, nous pensons également à ceux qui se sont trouvés dans l'obligation de choisir la mort avant la vie… Au *Choix de Sophie*[16], de William Styron. Tous ceux qui ont lu ces lignes n'ont pas pu oublier cette mère obligée de choisir, entre ses deux enfants, celui qui ira mourir dans une chambre à gaz ! Nous pensons à tous ceux qui ont décidé un jour d'alléger la souffrance du moribond, en un geste d'amour… À tous ceux aussi qui décident d'abréger leurs propres tourments. Ces gestes encore interdits, devant lesquels la société et le législateur restent, pour le moment, sans voix.

L'ENGAGEMENT FANATIQUE

Nous ne traiterons pas le cas des fanatiques avec celui des héros, même s'ils se prennent pour tels. La toute récente tuerie d'un certain Anders Breivik en Norvège est là pour nous permettre de ne pas confondre *l'idée fixe du liquidateur fou avec le sens du devoir*. Ces fous furieux se cachent bien entendu derrière une mission à accomplir. Mission qu'ils croient noble et juste. C'est au nom du bien nécessaire qu'Anders Breivik liquida froidement, en juillet 2011, un grand nombre de ses compatriotes, qu'il accuse d'être responsables de la montée du multiculturalisme.

Obsédés par leur seule « vérité », ces fanatiques perdent tout esprit critique, deviennent les serviteurs mécaniques de leurs délires. Ils s'engagent pour des causes politiques ou religieuses au mépris de tout respect pour la parole et même la vie de l'Autre.

En 2006, nous avons lu, accrochées à nos fauteuils, terrifiées par tant d'horreurs, le livre *Les bienveillantes,* de Jonathan Littell[17]. Un très beau titre, pour 1000 pages de malheurs, introduites par une belle *toccata* qui nous a épouvantées et ébranlées : « Je ne pense pas être un démon pour ce que j'ai fait, il y avait toujours des raisons bonnes ou mauvaises, je ne sais pas, en tout cas des raisons humaines. Ceux qui tuent sont des hommes, comme ceux qui sont tués, c'est cela qui est terrible. Vous ne pouvez jamais dire : je ne tuerai point, c'est impossible. Tout au plus pouvez-vous dire : j'espère ne point tuer. Moi aussi je l'espérais, moi aussi je voulais vivre une vie bonne et utile, être un homme parmi les hommes, égal aux autres, moi aussi je voulais apporter ma pierre à l'œuvre commune. Mais mon espérance a été déçue, et on s'est servi de ma sincérité pour accomplir une œuvre qui s'est révélée mauvaise et malsaine, et j'ai passé les sombres bords, et tout ce mal est entré dans ma propre vie, et rien de tout cela ne pourra être réparé jamais. »

Nous laissons aux spécialistes de la morale ou à qui voudra le droit d'en discuter et d'en conclure. Le problème ici n'est pas de savoir ce qui est *moral ou pas,* mais ce qui est *psychologiquement un choix…*

Même si cette position philosophique, qui veut faire du monstre « un homme comme les autres » nous heurte, même si nous ne sommes pas disposés à accepter les excuses du bourreau sans nausées, gardons-nous modestement de faire trop de prédictions héroïques. *En dehors de leur contexte,* nous ne pouvons pas prétendre prévoir totalement nos décisions.

Vous pensez certainement, lecteurs, que nous sommes généralement épargnés par ces questionnements ! Par ceux-ci qui sont extrêmes, heureusement ! Mais nous ne sommes pas à l'abri de la part noire qui est en chacun de nous et qui peut nous conduire à des comportements troubles que nous aurions du mal à expliquer. Sauf à évoquer les « tristes raisons humaines », comme ci-dessus.

LE NIHILISME À LA MODE

Imaginez un homme condamné par la nature
et l'infortune à une blême désespérance.
- HERMAN MELVILLE, *Bartleby le scribe*, 1853

Conséquence logique ou pas de ces réflexions et de la difficulté de décider moralement du bien ou du mal, il nous semble que la mode actuelle a glissé vers une pensée lénifiante qui laisse entrevoir que tout est semblablement grisâtre ! Poussé par quelques nihilistes en vue, on tend à conclure que tout est semblablement misérable.

Il n'y aurait dans cette blême désespérance que des situations et des arrangements relativement minables. Ces désespérés ont intégré l'idée que l'homme est bien un loup pour l'homme et que le regroupement en société de la horde ne peut que générer des situations fades et convenues.

« À quoi bon » est leur cri de ralliement. « Tous pourris » et « *no future* » leurs étendards. Les exemples sont repérables partout dans la conversation au quotidien ou chez certains romanciers.

Nos grands sceptiques sont dans l'indifférence. *Tout se vaut.* Soyons donc sans opinion et ne justifions pas nos choix. Ils seront d'ailleurs arbitraires puisque choisis en fonction de ce qui semble bon à l'instant. Prendre la vie comme elle vient, accepter le monde tel qu'il est, sans attendre ni pire ni meilleur est leur philosophie.

Herbert Marcuse dénonçait effectivement cette fausse liberté dans un ouvrage qui eut un grand retentissement[18]. Nous avons le « besoin de maintenir des libertés décevantes telles que la liberté de concurrence des prix arrangés, la liberté d'une presse qui se censure elle-même, la liberté enfin de choisir entre des marques et des gadgets ». Cette amère constatation est tellement vraie que les États ont dû créer des lois nouvelles pour empêcher que les grands distributeurs ne s'entendent pour éviter la libre concurrence des prix. Plusieurs ont été pris à tenter d'unifier le prix des barils de lessive ! Quant à la presse... Point besoin d'être fin limier pour comprendre comment elle se censure. « Politiques et journalistes sont sur le même bateau, disent les mauvaises langues, et se protègent les uns les autres. » Ou, à certains moments, se déclarent la guerre et prennent parti. Nous avons tous en mémoire l'affaire du Watergate[19] qui a chassé un président ! Un choix.

Internet n'est pas en reste pour véhiculer des idées ou des prophéties douteuses et sournoises. L'idée du complot, du « on » nous manipule, « on » nous trompe y est largement relayée pour attirer le trop crédule qui attend plus de vérité des ragots... que des informations officielles. Ce qui est encore un superbe paradoxe. Les journalistes, le pouvoir nous mentent, mais Internet est censé être un creuset de vérité ! On sait de source sûre que... des lobbies cachés mènent la danse et le jeu, on sait lire les signes qui ne trompent pas. On sait qu'il y a un complot ! Et notre pauvre hère va se laisser berner par d'autres croyances, non moins sujettes à caution que celles dont il dénonce le mensonge à la une des journaux.

Ces positions négatives ont une résultante négative. Où trouver la force et l'envie de choisir si c'est pour conclure que toutes les partitions de notre musique sont semblables, que nos choix sont toujours pipés, ou que l'on est toujours la victime d'un système, d'une stratégie qui nous échappe, que l'on est toujours dupe de forces qui nous dépassent, pour un avenir sans panache ?

Voilà pourquoi on préfère critiquer plutôt que s'engager. Il y a peu de syndicalistes, peu de militants dans ce monde occidental. On s'en excuse en arguant que la classe politique n'incite guère au respect. C'est parfois vrai, même si nous lui accordons d'emblée des circonstances atténuantes. Voilà une fonction où le devoir de choisir est permanent. Nous imaginons que cet exercice fait grimper considérablement le taux d'adrénaline et qu'il faut un minimum de courage ou d'inconscience pour le faire. Comme il faut beaucoup de courage pour aller voter. Oui, nous insistons. Cette magnifique possibilité, gagnée de haute lutte pour une pratique démocratique, est une affaire d'importance que tout citoyen doit prendre très au sérieux.

Offre de choix formidable, voici, donnés en pâture à la une du journal, tous les candidats accompagnés de leur programme ! Ils mentent tous, dit la voix du peuple, ils parlent tous cette fameuse langue de bois, interprétable à souhait !

Essayons alors de nous prononcer pour celui qui nous semble mentir le moins. *Le vote démocratique est l'une des meilleures illustrations de la possibilité du choix.* L'esprit critique nous venant en le travaillant, rien ne nous empêche de garder en permanence les yeux ouverts et rien ne nous interdit de lire tous les journaux, de recouper les informations. Il est illusoire de penser qu'un média va faire œuvre d'objectivité. Nous savons qu'il y a d'abord les journaux dits d'opinion, qui servent au mieux leurs tendances et s'engagent avec les hommes politiques qui les défendent. Lire toujours le même n'est pas une garantie de bonne information ! Il faudra faire un effort critique souvent fort difficile pour démêler le vrai de la propagande. Ceci est valable pour à peu près toutes les sources d'informations. Nous pouvons rajouter pour toutes les opinions entendues.

Toutefois, soyez prudent, lecteur. Cet esprit critique, que nous louons ici, ne doit pas aller jusqu'à la défiance perpétuelle. Il y a un vrai problème de dosage et de curseur entre la crédulité naïve et le désespoir assisté ! Ces attitudes de doute et de désespoir ne sont pas seulement métaphysiques ! Elles ont un impact sur notre façon de penser et nos comportements au quotidien. Nous vivons entourés de ces messages largement diffusés par les médias. La jeune génération est largement réceptive à ce concept de *no future.* Sa soif de justice et d'honnêteté se rebelle devant la compromission des adultes. Beaucoup de parents d'adolescents se sont vus un jour accusés de lâcheté ou d'indignité. À nous de leur permettre de garder intacte la joie de vivre qu'ils manifestaient tout petits ! Si ce n'est intacte… vivante. Pourquoi leur apprendre à choisir si tous les choix mènent à l'ennui ? Pourquoi étudier si c'est pour s'ennuyer plus tard de toute façon ? À nous de donner l'exemple !

« Objectif confiance », titrait tout récemment un grand hebdomadaire français[20], en illustrant son propos grâce aux travaux de

Pierre Cahuc et André Zylberberg, tous deux économistes et analystes de renom. Leur thèse est que cette fameuse défiance, parfois développée à l'extrême, fait des ravages dans nos sociétés, où l'on passe son temps à ressasser les avantages obtenus par les autres et à mesurer ses manques ! « La défiance dégrade la santé, accroît la fréquence des dépressions, les suicides, le malaise au travail et nous rend pessimistes. » Nous oublions que pester, râler, ratiociner érodent inlassablement notre moral. Il faudrait, conseillent-ils, réformer le système d'apprentissage scolaire, la relation des syndicats avec le patronat, établir des règles strictes pour limiter les conflits d'intérêts et veiller à plus de justice. Nous souscrivons à ces souhaits et apprécions que l'économie et la psychologie se rejoignent et s'accordent pour donner importance à nos humeurs et à nos ressentis intimes. Comment travailler intelligemment l'âme encombrée par des émotions négatives causées par un environnement ressenti comme hostile et qui pousse à se garder à gauche et à droite pour éviter les coups ?

L'exemple venant d'en haut, le législateur, le penseur, le philosophe doivent montrer le chemin avec des propositions résolument novatrices. Dans les dernières décennies, nous avons vu avec joie quelques réformes indispensables : la suppression de la peine de mort et le droit à l'avortement. Elles ont heurté certains esprits rétrogrades ou conservateurs. C'est pourtant ainsi que nos choix de vie évoluent. À petits pas, nous allons devoir réfléchir sur de nouvelles façons de penser le mariage homosexuel, le droit à la parentalité et le droit de mourir dignement. On imagine que ces bouleversements ne vont pas se faire sans quelques réserves et grincements de dents. Tant pis pour ceux qui sont à la traîne, de nouvelles propositions de choix de vie seront offertes. Pour plus de liberté !

CHAPITRE 2

De la liberté et de la fatalité

Choix libres, choix conditionnés, manipulés… à peine évoqués, nous voilà dans le cœur du problème. *Qui mène ma barque ?*

Comment s'y retrouver quand les témoignages éclairés mais contradictoires s'en mêlent ? Là, il n'est plus question de poires et de bananes, ni d'influence de la grande distribution sur nos comportements, mais de notre essentiel libre arbitre.

« Nous ne choisissons pas, notre destin choisit. Et la sagesse est de se montrer digne de son choix, quel qu'il soit[1] », dit l'un. « Le concept technique et philosophique de la liberté… signifie seulement autonomie du choix[2] », affirme l'autre. Qui, de Romain Rolland ou de Sartre, a raison ?

Comment oser aborder ce chapitre capital quand on n'est pas rompu à la philosophie et quand les plus grands philosophes prétendent que c'est mission impossible ? Ainsi, Hannah Arendt[3] débute en ces termes son essai *La crise de la culture* : « Soulever la question : *qu'est-ce que la liberté ?* semble une entreprise désespérée. » Vous pensez bien que l'on ne va pas se risquer sur cette pente glissante pour tenter de résoudre ici ces deux grandes questions existentielles que sont le libre arbitre et le destin ! Par contre, nous sommes bien disposées, en bonnes psys, à essayer de clarifier cette fameuse notion d'inconscient parasite qui nous priverait de la liberté de choisir, et nous mettrons quand même notre grain de sel dans les pas du hasard et du destin.

En quelque sorte, nous agirions en permanence poussés par les traumas de notre passé et les aléas de notre histoire. Nous n'allons pas dire aujourd'hui que notre vie passée, notre mémoire consciente ou inconsciente, n'ont pas d'importance, mais l'ajout de nos petites dentelles autour de ce sujet devrait contribuer à lui donner un sens plus précis.

L'INCONSCIENT MALICIEUX

« Quant à Freud il a démontré que l'homme n'était pas maître chez lui parce que l'inconscient est nettement plus dominant que le conscient[4]. » Bigre monsieur Precht, vous accréditez fort l'idée que notre liberté est mince et que nous sommes plus « agis » que « agissants » ! Notre seul espoir serait-il de penser notre inconscient plus intelligent que notre conscient ?

D'abord, il est temps de dire ici que la perception des éléments marquants de notre vie ne fonctionne comme déterminant que pour nous et nous seuls ! Nous nous insurgeons encore devant ce que nous appelons la psychanalyse de cuisine, qui se contente d'approximations et fait loi et généralité du cas particulier.

« Parce que je suis tombé à vélo... il y a longtemps, je suis condamné à avoir peur de tout. » Cette manie commune de vouloir interpréter nos symptômes et nos comportements oublie le singulier pour en faire une absurde règle générale. « Je suis tombé de vélo quand j'étais petit, alors il est normal que je ne prenne plus aucun risque » n'est valable que pour celui qui le pense ! Car Jean, Paul et les autres n'ont pas obligatoirement été traumatisés par leurs chutes de vélo. Peut-être même en gardent-ils un bon souvenir de plâtre joliment décoré sur leurs jambes et du joyeux défilé des copains à la maison. Nos rêves, de la même façon, échappent à l'interprétation unanime. Eux aussi ne regardent que celui qui les rêve. Fi donc des interprétations toutes faites dont l'entourage vous abreuve et dont il se sert pour tenter de comprendre vos choix ! Sans compter que ces bêtises peuvent vous entraîner à penser que vous n'avez aucune possibilité de réagir et vous précipiter dans un *lamento* de victime !

Cessez donc de vous contenter de cette simplification des données pour vous cacher derrière. Un père et une mère désunis donneront à Paul une idée de l'amour et de la famille que Pierre n'aura pas. Paul ne sera pas malheureux pour autant. Une enquête récente osait publier que les fameux enfants de parents séparés étaient mieux armés pour affronter la vie que les petits plus protégés. Nous voici en pleine transgression de la règle.

Cette petite mise au point ne résout pourtant pas le nœud du problème, car les critiques visent surtout *la notion même d'inconscient.* Son existence envahissante ! Ainsi, il parlerait à notre place, nous privant du choix que l'on croit naïvement exercer.

Un père désagréable conduirait sa fille tout droit au divorce ? Un père absent l'empêcherait d'avoir des relations satisfaisantes avec les hommes ? Nous voici donc marionnettes et totalement soumis à notre histoire, car on ne peut changer ni de père ni de passé, n'est-ce pas ? Nous voici prisonniers de ce concept invisible et sournois qui a pris résidence chez nous et fait son petit trafic en douce.

Oui, nos actes répondent à une logique qui parfois nous échappe. Mais ce n'est pas une aliénation, ni la preuve de leur stupidité. Freud ne se trompe pas sur l'importance que joue notre inconscient sur nos comportements et donc sur nos choix ! Notre dernier ouvrage[5] détaillait les risques de traces pathologiques dans la relation père-fille. C'est donc en écho que nous reprenons les mêmes exemples. Oui, il y a des risques pour des dérapages « inconscients », mais aucune certitude que ces dérapages persisteront tout au long de notre vie. Risques qu'il suffit de repérer pour s'en prémunir ou s'en débarrasser. La démarche est la même dans tous les cas. Comme le chasseur, il faut rester à l'affût de tous les miasmes opérants, pour courir vers ce fameux : « Connais-toi toi-même. »

Si vous ne vous réveillez pas à l'heure pour l'entretien capital d'embauche parce que la veille vous avez omis de régler correctement votre réveil, interrogez-vous ! Que dit monsieur l'inconscient ? Que vous n'avez pas envie de ce job ? Que vous n'êtes pas adapté à ce genre de travail ? Que vous avez tellement peur d'échouer que vous préférez ne pas savoir ce qui aurait pu se passer ? Ne dites pas que cette attitude pour le moins désinvolte ne vous concerne pas. Nous avons des centaines d'exemples de ce type.

Un jeune homme nous a même raconté qu'il était temps que la police l'interpelle car il allait filer un mauvais coton ! On a supposé avec lui qu'il avait commis des erreurs presque voulues dans le déroulement de ses actes délictueux !

L'inconscient « indique[6] » sous la forme de lapsus, de rêves, d'actes manqués, la marche à suivre pour avoir la clé ! Et si ce n'est la clé de tout l'édifice de la démarche psychanalytique, au moins la petite idée qui va nous donner des pistes à suivre.

Cette petite idée ne demande qu'à s'exprimer. Il n'est pas nécessaire de traîner des années entières sur un divan d'analyste pour cela. Le plus souvent, une oreille attentive et une petite discussion avec sa propre tête suffisent. Quand on doit prendre une décision importante, c'est la moindre des choses ! Discuter avec soi-même d'abord, en tête-à-tête, le plus fréquemment possible. Molière appelait cela parler à son bonnet !

C'est ainsi que l'on mesurera, sans concession ni faiblesse, les ravages causés par les souvenirs de nos tristes expériences passées. Oui, votre amie Hélène a toujours raillé la couleur de vos cheveux ou la maigreur de vos jambes, et depuis vous les cachez ! Oui, il y a plus grave que la couleur des cheveux. Et encore plus grave : ce qui peut venir gâcher votre appréciation du monde et limiter votre bonheur. Mais il y a aussi des possibilités de choix résilients qui gomment un peu la rudesse du mal. On sait que nos capacités à repousser le malheur sont grandes. « Se déterminer à vouloir », selon la formule sartrienne, peut se faire malgré l'inconscient ou avec lui.

Il n'est d'ailleurs pas aussi terrible que le dit la rumeur, ce bonhomme inconscient. Plutôt lourdaud et plutôt lent. Il est parfois espiègle et se réjouit de vous mener en bateau. Dur de la feuille, sourd. Rien qui doive inquiéter.

Des exemples, on peut encore en donner, des bons et des mauvais. Ce maudit inconscient nous empêcherait de choisir nos amours et nos désirs en connaissance de cause. Maryse Vaillant[7] dénonce la pureté du coup de foudre, dont elle souligne « qu'il porte en lui des indices qui nous sont déjà connus, déjà précieux (...) Il est (...) l'incarnation d'un désir inconscient (...) la silhouette évoque celle d'un parent, père ou mère de première enfance ou la figure imaginaire d'un rêve d'adolescence. » Vous parlez d'un choix alors ! Si ce n'est le grand Éros, c'est donc le souvenir de votre mémé chérie qui vous a conduit dans cet attachement merveilleux ? On est quelque peu en droit d'être déçu. Mais après tout, en quoi la ressemblance avec mémé vous empêchera-t-elle de composer avec l'amoureux, si vous le décidez ?

Aimez-vous l'opéra parce que votre père l'aimait ou bien parce qu'il le détestait ? Quand vous avez choisi votre cursus universitaire, vous faisiez plaisir à qui ? En toute innocence, quand vous choisissez vos amis, vous tombez toujours sur des pervers, est-ce pour vous mortifier, vilaine fille ?

Finalement, vos amoureux se ressemblent tous et vous lassent, c'est pour rester fidèle à votre premier amour enfui que... vous vous trompez en permanence ? Vous ne faites que de mauvais choix à cause de tout ce passé qui joue au revenant ? Alors il est temps de changer de tactique et de réfléchir à maîtriser cet inconscient embarrassant. Il est temps, s'il vous mène en bateau et vous trahit, de le débusquer et de lui poser quelques questions, que diable !

NON... HABEMUS PAPAM !

Ce paragraphe, qui veut être une analyse du dernier film de Nanni Moretti, *Habemus Papam,* nous pouvions le glisser dans de nombreux chapitres de ce livre, tellement sa façon de traiter le sujet du choix est riche en enseignements. Son propos rejoint notre cause et sa moquerie d'une certaine forme de psychanalyse nous réjouit.

Rappelons le thème. Un pape meurt, un autre pape doit être élu et, contrairement à ce que nous imaginons, les candidats ne se bousculent pas au portillon. Il faut les voir, assemblés, en rouge, priant Dieu : « Seigneur faites que ce ne soit pas moi ! », baissant la tête, quelque peu puérils, comme des enfants avant une interrogation écrite !

On aperçoit le héros dix minutes après le début du film, quand la conspiration le désigne. L'élu sans le vouloir se nomme Melville et reste sans voix devant la décision de ses pairs ! À peine l'entend-on prononcer un petit « si » hébété et provoqué, à l'annonce de son élection. Par contre, comme au début de *Villa Amalia,* c'est le grand cri rauque de bête blessée et le fatidique : « Je n'y arrive pas » qui résonneront sous les voûtes du Saint-Siège.

Tout cela fait déjà une bonne base pour l'analyse d'un refus, mais ce qui nous retient ensuite est l'arrivée du psychanalyste dûment mandé pour aider le malheureux à se glisser dans les habits de Sa Sainteté. Certes leur premier entretien est succinct, car il se déroule devant la cour cardinale et ce malheureux psy ne peut parler ni de sexe, ni d'affaire familiale, ni de Dieu ! Par contre, on y apprend que l'épouse du pauvre psychanalyste inopérant (vous suivez ?) est persuadée… « que tout vient d'un traumatisme de désamour de la petite enfance qui pousse notre élu à refuser toute responsabilité ».

Voilà, nous y sommes. Le diagnostic est sans faille, un de ces arguments bateau que nous dénoncions plus haut, qui fait croire, sans auscultation ni paroles du pauvre bougre, que le mal tient à une plaie de l'enfance. Un cliché splendide posé par l'épouse du psy qui ne l'a encore jamais vu : « Notre pape ne veut pas l'être parce qu'il n'a pas été aimé dans son enfance ! »

On va donc conduire chez Madame Savoir, épouse du psy (vous suivez toujours ?) ce pape hésitant… qui n'hésitera pas à s'enfuir en catimini de chez ces fous pour enfin savourer seul un bout de la vraie vie dans les rues de Rome. À la recherche de lui-même et de ses rêves. Exactement ce qu'il faut faire, avec ou sans psy !

Pour notre plaisir, pendant ce temps, notre psy, plus perdu que jamais, enfermé avec les cardinaux, applique une espèce de thérapie du sport et de la gagne pour maintenir les troupes en attente. Un coach de sport, voilà la solution coquine de Moretti ! Ce passage est un régal de dérision et une claque pour tous les partisans de l'agitation du corps pour guérir l'esprit. Attention, nous ne critiquons nullement les pratiques sportives, dont nous savons à quel point elles calment nos impétuosités, mais nous retiendrons toutefois deux idées essentielles : *le sport est le sport et non une thérapeutique* et *le trauma de l'enfance est une possibilité et non un dogme.*

Aussi, vous imaginez notre joie quand Melville *décidera* qu'il ne veut assumer ni le rôle ni la fonction de pape. Que grâce à sa seule conscience, il trouvera enfin le courage de dire non à ce poste qu'il ne veut pas assumer. Sans explication ! Parce que son inconscient et son conscient sont d'accord pour ne pas vouloir ce poste.

Alors… dites-vous perplexe, les raisons de ce manque de courage à accepter cette belle charge ne viennent pas du désamour de l'enfance, comme le prétend cette psy devineresse qui ne l'a jamais vu ?

Bien sûr, ou probablement… mais quelle importance vraiment ! Ce qui est à retenir, c'est que jusqu'à ce merveilleux moment, *Melville n'avait pas encore choisi sa vie.* On apprend qu'il voulait être acteur mais a échoué au concours, et surtout… qu'il n'est pas à SA place parce qu'il a négligé d'écouter sa vraie voie et sa vraie voix intérieure ! Qu'il était urgent de reconnaître enfin son vrai désir, qu'il fallait s'impliquer au lieu de laisser faire ! Pourquoi les cardinaux le désigneraient-ils… lui qui n'a rien demandé ?

Théâtrale et magnifique décision ! Ferez-vous aussi le tour de Rome pour trouver votre route ? L'idée n'est pas mauvaise, Rome est une si belle ville. Ou bien un petit tour du monde avant de vous engager dans une voie ? On le conseillait autrefois aux jeunes gens fortunés pour les aguerrir et les instruire, selon l'idée raisonnable que les voyages forment la jeunesse.

Après ces supposés et alléchants voyages à venir, faisons maintenant une pause entre amis et essayons de faire une halte que nous nommerons « réflexion ». Réflexion, car dans cet opus, il est difficile de donner des conseils sur ce qu'est un bon ou un mauvais choix ! Par contre, on peut vous poser la seule question qui nous paraît aidante quand vous êtes en désarroi ou en colère à cause de choix qui ne vous satisfont pas et vous laissent sur votre faim. Une seule ! Toutes les autres en découlant et se déclinant : *Quels bénéfices secondaires retirez-vous de ces choix inadaptés ?*

Nous plaisantons en voulant imiter les quiz si appréciés de certains magazines, mais cette seule question est très pertinente. Que fait ce pauvre cardinal dans la curie de Rome ? Quelle méchante idée l'y maintient ? S'il y était si mal, pourquoi y reste-t-il ? Il doit bien y trouver une compensation, car autrement comment tiendrait-il la route ? Faut-il, pour qu'il réagisse, une ultime brimade, une goutte de trop dans un océan de non-choix ? Une violente nomination imposée pour se lever et dire enfin : « Je n'y arrive pas ! »

Oui, parfois, il faut du temps pour reconnaître que nous n'avons pas, comme ce pauvre pape, fait un choix de vie qui nous convient. Pourtant nous l'avons supporté, par peur du changement, conformisme ou toute autre mauvaise raison !

Chez nos patients, cette idée de bénéfice obtenu malgré la peine ressentie provoque une rébellion immédiate. « Comment cette psy que je paie si cher ose-t-elle me dire que je tire des bénéfices d'une situation qui me fait tellement souffrir et que je ne sais réparer ? », se disent-ils. Et chez vous, lecteur attentif, quelle colère fait-elle lever ?

Nous maintenons malgré tout fermement l'existence de ce mécanisme-là. *Dans toute situation pathologique, il y a un peu de notre volonté… à la laisser se maintenir. Serions-nous des masochistes perpétuels ? Oui et non, nous nous donnons des raisons pour maintenir cette situation idiote :*

- parce que, de très bonne foi, il semble qu'on ne peut pas la changer, qu'on est condamné à la subir ;
- parce que si nous abandonnions notre plainte, nous aurions l'impression de pardonner au (ou aux) coupable(s), ou de laisser supposer que nos traumatismes n'ont pas été si graves puisqu'ils ont disparu très vite, remplacés par cette suspecte joie de vivre ;
- parce que cette peine est une vieille connaissance que nous ruminons tous les jours. Sans elle nous serions perdus. Eh oui, nous tenons à nos problèmes, qui sont aussi notre marque de fabrique et notre histoire.

L'INTUITION AMIE

Les choix réussis, nous l'avons déjà évoqué, sont parfois appelés *choix de bonne intuition ou d'intime conviction,* par facilité de langage. À cette lecture nos sœurs sont ravies, puisque généralement c'est un don que l'on accorde aux femmes[8]. Les coachs nouvelle formule sont friands de ce sens, sixième du nom, qui nous rend, paraît-il, performants... si nous l'avons. Ils conduisent d'étonnants enseignements pour tenter de le développer. Ainsi, nous avons vu quelques fumisteries de ce genre réjouir les cabinets de recrutement. Le coach donne une enveloppe fermée au candidat. Elle contient un dessin. Sans aucune autre indication, le malheureux testé doit « découvrir » quel est le dessin contenu dans l'enveloppe. Inutile de vous dire qu'aucun spécialiste du cerveau et de la cognition ne croit en cette manœuvre.

Ce qui ne veut pas dire que l'intuition n'existe pas. Les fameux *profilers* des séries policières montrent bien qu'ils ont du flair ! Et que certains en ont plus que d'autres. Nous serions donc intuitifs, non parce que nous lisons au travers des papiers kraft, non parce que nous sommes des sorciers, mais parce que... nous sommes attentifs au moindre détail que notre inconscient (encore lui) va noter et nous restituer sous forme de prémonition. Béatrice Millêtre, auteur de *Réussir grâce à son intuition,* nous conseille même de nous y fier... parce que cette petite voix tient compte de notre vraie personnalité, bien plus que la pensée rationnelle, trop entachée de conformisme.

On peut donc entendre : « J'ai su tout de suite que nous étions faits l'un pour l'autre » ou « J'ai eu une aversion immédiate que j'ai essayé de contenir, mais... » Une de nos amies nous a confié avoir rompu une histoire d'amour débutante parce qu'elle soupçonnait son ami de pingrerie, à cause de ses chaussettes et chaussures bon marché, qui le dénonçaient.

Lors de la rencontre, nos yeux s'écarquillent et se voilent à la fois. En effet, souvent nous entendons que l'échec avait été prévu ou était prévisible, mais que la fameuse intuition n'avait pas été suivie d'effet. « J'ai su tout de suite que je faisais une bêtise » ; « Je savais en l'épousant qu'on allait à la catastrophe », etc.

Mauvais choix de ne pas écouter la petite voix qui prévient? Nous sommes moins sévères. Nous pouvons oublier que nous sommes intuitifs... un temps, ou décider d'être plus curieux qu'intuitifs. Ou très joueurs. Comme au poker!

Les audacieux disent volontiers: «Qui ne tente rien n'a rien!» Ils n'ont pas tort. Comment savoir ce qui va advenir si vous reculez devant le moindre «signe» supposé négatif? Qui est un signe quelquefois sans fondement autre que l'angoisse du choix... Sauf si nous ressortons le petit bonhomme inconscient de sa boîte et si c'est lui qui fait l'intuition. Ce que nous sommes prêtes à croire, même si nous ne pouvons le prouver. L'intuition est faite de tous les petits détails que notre inconscient a notés à notre insu et qu'il nous renvoie comme un message subliminal. Un atout de plus pour mieux décider. Si le panneau dit «Attention danger», décidons d'y tomber ou pas. Gare, parfois les enjeux sont importants, et le risque de perdre est grand.

ON N'ÉCHAPPE PAS À SA DESTINÉE?

Penser que l'on n'échappe pas à sa destinée c'est admettre l'image d'êtres suprêmes, de dieux bienveillants ou... malveillants tirant les ficelles de leurs marionnettes.

Croyons-nous encore à la destinée, au *fatum,* comme autrefois certaines civilisations? Rappelons que pour prédire l'avenir, les Grecs, par exemple, consultaient la fameuse pythie de Delphes. Une histoire nous concernant serait-elle consignée quelque part et nous n'aurions qu'à dévider notre rouleau? *C'est écrit!* C'est mon chemin et je n'y peux rien.

Je n'y peux rien: ce principe serait acceptable pour l'amateur de psychanalyse qui s'instruit de mythes. Œdipe ne court-il pas tout seul à la rencontre de son destin sans pouvoir en détourner le malheur? Et si Œdipe, qui est l'archétype de la compréhension de l'universalité du comportement humain, institué par papa Freud *himself* n'y peut rien, comment moi, petite chose obscure, pourrais-je prétendre lutter contre la fatalité?

Oui, bien sûr. Mais Œdipe est Œdipe ! À la fois tout et rien que cela. Un exemple type de nos conduites humaines, une explication de nos désirs enfouis et de leur efficacité, quand on les laisse s'exprimer, une façon pour nous de réfléchir justement à contrebalancer le sort soi-disant promis. Œdipe est une leçon de vie… à comprendre et à ne pas suivre.

Notre homme, prédit l'oracle, « doit » tuer son père et épouser sa mère. Pour la première prédiction, l'analyse et la découverte du sens sont aisées. Pour vivre, un jeune garçon doit évidemment être libre de l'emprise paternelle. C'est la leçon à retenir de la parabole.

La deuxième prédiction mérite que l'on poursuive. Éloignez ce garçon, dit l'oracle, car après avoir tué son père, il épousera sa mère… Oui « épouser » sa mère est une catastrophe pour une société policée. À Thèbes comme partout ailleurs ! Malgré les précautions prises et pour montrer à quel point on n'échappe pas à sa destinée, il épousera sa mère et son royaume périra, comme prédit. Entendons bien que la punition suit effectivement toute transgression de la règle. Le royaume d'Œdipe et de Jocaste croule sous le malheur, comme prédit. Enfin vient la révélation de la cause du mal et Œdipe se crève les yeux pour ne plus rien voir. La parabole nous *prévient de préserver l'avenir.* Oracle ou pas, nos sociétés ne veulent pas qu'un fils épouse sa mère. Par contre, pour que le petit de l'homme vive libre, elles acceptent que l'on tue le père ! Sinon, il n'est point de répit pour qui ne respecte pas la règle. Œdipe se crève les yeux et Macbeth, qui vient de tuer son roi pour prendre le pouvoir, ne dormira plus… Le sommeil innocent n'est plus possible à qui ne respecte pas la loi du bien. « Ne dors plus ! Macbeth a tué le sommeil… », entend le meurtrier au moment du crime. Si nous persévérons dans l'analyse, nous comprenons que nos deux compères, prenant conscience de l'horreur de leurs actes, vont faire connaissance avec la culpabilité.

Voici deux histoires très précieuses qui, contrairement aux idées reçues, ne cautionnent pas l'idée de notre irrémédiable destin mais soulignent le péril qu'il y a à prendre le mauvais chemin. À faire un mauvais choix.

Si, au XXIe siècle, pour la plupart d'entre nous, la Pythie de Delphes est aux abonnés absents, le crime de Macbeth bien lointain, et l'Œdipe bien compris, *la culpabilité,* par contre, est toujours bien vivante. Nous la retrouverons compagne de tous nos mauvais choix. Comme une affaire à régler récurrente !

LE NOUVEL ORACLE : L'HOROSCOPE

La plupart d'entre nous ne croient pas au destin, mais beaucoup veulent connaître leur avenir ! Ce qui est un joyeux paradoxe. Les astres, les cartes, les tarots, le marc de café, les lignes de la main sont des outils précieux pour tous nos gentils charlatans. L'horoscope diffusé à tous par la presse ou la radio se donne même des airs scientifiques puisque bâti sur l'astrologie ! Une pratique qui, avec ses cartes, ses planètes qui s'alignent ou se superposent, a bonne allure.

Saluons avec malice deux auteurs savants[9] qui, dans un très sérieux livre, ont bousculé quelques croyances. Natifs du Cancer, du Verseau, du Capricorne, écoutez ce qu'ils disent et changez votre fusil d'épaule, car vous êtes tout autre. La cause ? Une grave erreur de calcul. L'astrologie telle que vous la pratiquez est obsolète à cause de la précession des équinoxes. Cet antique phénomène, dont nous nous régalons, a été découvert par Hipparque de Nicée, au IIe siècle avant notre ère. Nous sommes navrées qu'il n'ait pas eu d'impact public, car il nous aurait dispensés des discours des astrologues charlatans pendant des siècles. Nous vous en relatons la scientifique moelle. « Les Lions, c'est-à-dire à l'origine les personnes nées lorsque le soleil vu depuis la Terre se trouve dans la constellation du Lion, sont courageux, orgueilleux et dominateurs. Si cela pouvait paraître vrai au temps d'Hipparque, il y a plus de 2000 ans, il est vraiment difficile de concevoir le rapport de nos jours quand on sait que, pour les personnes nées par exemple fin juillet (des lions, selon les astrologues tropiques), le soleil ne se trouve pas en lion mais en écrevisse[10] ! » Et plaf ! Voici des années de crédulité qui s'effondrent. Quand on pense aux sommes d'argent dépensées en consultations de thèmes astraux, on imagine le nombre de désirs qui auraient pu se réaliser !

Nous savons bien que malgré cette évidence, vous continuerez quand même à lire les prédictions du jour et que vous ferez en sorte qu'elles se vérifient, pour que la journée soit bien une journée de m… (puisqu'il est écrit que vous allez perdre les clés, oublier l'enfant à l'école et ainsi de suite). Si, par malheur, il n'en était pas ainsi, alors que c'est écrit noir sur blanc, vous seriez désemparés et en panne de magie ! Un horoscope ne peut pas se tromper.

C'est toujours un étonnement pour nous de constater que des journaux de bonne tenue persistent à donner à leurs lecteurs des pages de numérologie et d'astrologie avec un aplomb merveilleux. Ils sont lus par des lecteurs assidus qui arrachent les pages susdites dans nos cabinets. Ils prennent le bon côté de la prophétie et vivent mieux. Ainsi, aujourd'hui, alors que nous écrivons ces pages, l'horoscope du Cancer nous dit (mais sommes-nous bien de cette planète lunaire ? Nos deux savants ne disent pas comment rectifier le tir et corriger l'erreur) que « nous devons sortir de notre trou, de nos certitudes, et nous mettre en danger[11] ». Cet horoscope n'est pas sot, il sait que nous sommes dans notre trou d'auteur, que nos compagnons sont en vacances ! Quant à nous mettre en danger, c'est fait puisque nous vous écrivons… Nous positivons les beaux côtés, nous l'interprétons à notre façon ? Bien sûr, comment faire autrement, c'est à nous qu'il s'adresse, non ?

Nous faisons comme prévisible l'emploi de « l'effet puits ». Oui, c'est l'autre géniale interprétation de nos deux compères. « L'effet puits se résume ainsi : plus un discours est vague – profond, pourrait-on dire, dans le sens de creux – plus les personnes qui l'écoutent peuvent se reconnaître majoritairement dans ce discours[12]. » Décidément, l'idée de cet « effet puits » a de quoi séduire. Nous promettons de l'appliquer à tous nos discours… profonds.

LE DESTIN MARABOUTÉ DES MALCHANCEUX

Cette section est dédiée à tous les malchanceux de la Terre. À tous ceux qui se disent « marqués », désignés dès le berceau par la mauvaise sorcière, condamnés par de sales lutins à la poisse éternelle. Les livres de contes nous ont bercés de leurs malheurs et nous en avons pleuré jusqu'à l'arrivée de la bonne fée.

Donc, nous nous adressons à ceux qui choisissent toujours la file qui n'avance pas, ceux qui sont toujours dans les embouteillages parce qu'ils ont raté le bon embranchement... Ceux qui se pensent envoûtés à vie par quelque méchant sorcier. Ou quelque sinistre marabout ! Sûr, on leur a jeté un sort pour que tous leurs choix s'avèrent aussi mauvais. À eux la mauvaise chaise, dont le pied va casser. À eux la mauvaise place derrière le poteau (le seul du théâtre) !

Comment garder le moral après de pareils avatars ? « Je n'ai jamais eu de chance, tout ce que j'entreprends est voué à l'échec. » Ce sont leurs poupées, hérissées d'aiguilles, qu'ils voient à tous les carrefours et la paranoïa les guette ! Hélas, cette idée est plus fréquente qu'on le pense et enrichit quelques truands indélicats. Certains sites Internet ont flairé l'aubaine et incitent les gogos à entrer en communication avec quelque sorcier de l'Afrique profonde. Gare à l'arnaque ! Derrière le téléphone se trouve une gentille hôtesse, pas plus devin que vous et nous, mais qui sait jouer à la sorcière. Elle écoute, lit son bréviaire, vous conseille... Son téléphone raccroché, elle part faire son marché, comme n'importe quelle employée modèle.

Un récent sondage télévisé répertoriait les soucis récurrents de ces consommateurs de sorciers. L'amour, la fortune, la vengeance y tiennent grande place. Le recours à ces pratiques venant du fond des âges pour retrouver le bonheur perdu n'est pas rare. Il est si commode de penser pouvoir agir sur ce qui nous dérange, que l'on n'en voit souvent pas la niaiserie. « Ah ! dit le sorcier, je sais te rendre ton amoureux ! » Comme autrefois, il va vous conseiller les breuvages fulgurants, invoquer les diablotins amis, vous expédier accomplir quelques tours de forêt à la recherche de l'arbre magique, au pied duquel vous enterrerez votre malheur à grand coup de pioche. Ainsi délivré, vous reprendrez votre chemin, allégé de quelques billets de banque. Ces pratiques d'envoûtement et de désenvoûtement coûtent cher. Au moins le prix exorbitant des communications téléphoniques, pour un résultat qui n'est pas garanti.

Les sorciers modernes sont devenus des hommes d'affaires, alors que nos pauvres sorcières d'autrefois n'agissaient que pour leur gloire et leur vanité, ou pour relever des défis. Maîtrisant nos devenirs, elles étaient comme des dieux.

Après ces considérations méchantes, nous pouvons sans honte et contradictoirement déclarer que nous ne détestons pas les voyantes. Oui, malgré notre souci de rationnel, nous adorons les bonnes voyantes ! Peu importe qu'elles voient notre devenir ou pas, du reste… ce qui nous importe, c'est qu'elles ne disent que les bonnes choses à venir de la vie. Ou bien encore des généralités interprétables favorablement, des généralités à effet puits !

Suivant nos conseils, les voyantes ne devraient prononcer que des banalités joyeuses. Nous détestons les sorcières acariâtres ou les Cassandres prêtes à attirer sur nous les grands drames !

Écoutez plutôt cette histoire véridique. Jeanne nous consultait mais aimait aussi les voyantes, bien qu'elles lui coûtassent bien plus cher que nous. « Que voulez-vous, nous disait-elle, elles me guident, vous auriez tort d'être jalouses de leurs dons ! »

Bien amarrée à la prédiction, Jeanne mettait, consciemment ou inconsciemment, toute sa volonté au service de sa réalisation. Si le nouvel amour devait se nommer Georges, elle éliminait tous ceux qui se nommaient Pierre. Si elle devait le trouver au bord de la mer, elle n'allait plus à la campagne. À la mer, des Georges il y en eut… au moins un, qu'elle rencontra. « Vous voyez qu'elle a VU juste », nous dit-elle radieuse.

Nous pensons prosaïquement que Jeanne avait envie de rencontrer Georges et qu'elle avait bougrement œuvré pour cela. Qu'importe ! Georges était bien là. Si la suite fut moins heureuse, c'est que la bonne voyante était un peu myope et ne voyait bien que de près. Le Georges en question fut l'affaire de quelques jours : il n'avait d'agréable que son prénom ! En bonnes filles, nous avons argué que le prochain Georges serait le bon.

Que dire de ces personnes très en vue, présidents et gestionnaires, dont on nous dit qu'ils consultent des dames Irma pour conduire un pays ou une entreprise ? Que nous ne le croyons pas, ou qu'ils sont parfois si angoissés qu'ils ne parviennent pas à assumer leurs choix. *Le magique leur tient lieu de tranquillisant.*

L'exercice du pouvoir et des grandes responsabilités fragilise, parfois on aimerait sûrement que la voyante éclaire la route, ou tout simplement fasse semblant d'y croire, comme le citoyen moyen. Alors, comme les anciens demandaient à l'oracle de Delphes un augure, nos anxieux demandent un soupçon de magie. Un brin de baguette à la bonne *fortuna*. Qu'ils nommeront ensuite chance ou intuition... Que le CAC 40[13] écoutera ?

Nous ne résistons pas ici, en évoquant les possibles fortunes de vos choix boursiers, à vous conter l'histoire des fléchettes. Vous imaginez que nous ne sommes pas seules à nous interroger sur les bons choix. Surtout quand ceux-ci peuvent rapporter gros !

Aussi, en 1988, un certain Burton Malkiel et le *Wall Street Journal* voulurent opposer la loi du savoir et celle du hasard. On eut alors l'idée d'aller chercher un chimpanzé et de l'obliger à lancer des fléchettes sur le tableau des valeurs boursières. De très peu, vraiment de très peu, le savoir gagna ! Dure leçon pour tous les *traders* de Wall Street. Un chimpanzé pouvait faire presque aussi bien qu'eux. En 2002, Richard Wiseman recommença une expérience assez semblable. Il choisit un astrologue, un financier et une petite fille de quatre ans. Vous comprenez aisément le sens de cette troïka. L'astrologue devait lire dans le ciel, le financier dans l'économie et Tia, tirer le bon papier du chapeau ! Qui gagna ? Tia, la petite fille !

Nous voilà maintenant très ennuyées pour soutenir qu'il ne faut pas croire au hasard et à la chance et que c'est notre raison qui doit rester maîtresse de notre destin. Pour nous en dégager, nous dirons que cet exemple est bien particulier. Choisir sa technique pour gagner en bourse requiert une foule d'informations dont il faut tenir compte et qui entrent dans un calculateur grand modèle ! Trop de données, trop d'incertitudes, de certitudes pour notre entendement s'additionnent ou s'annulent dans ce grand mouvement et peuvent glisser vers l'imprévisible ou l'improbable. Notre calculateur informatique personnel n'a pas encore atteint son apogée. Il se trompe, faute de données.

Messieurs les informaticiens, au travail ! Inventez un puissant calculateur. Augmentez le pouvoir des machines, s'il vous plaît, donnez-nous les numéros du loto, dites-nous ce que nous allons faire demain, faites des probabilités.

En général, nos choix n'en demandent pas tant… Et si tout à coup notre avenir se précisait ou se dévoilait… d'autres problèmes surgiraient, et non des moindres !

LE BON CHOIX DU LOTO

Donc, amis joueurs, nous n'allons pas vous dévoiler quelque combine pour choisir vos numéros et gagner le gros lot. Tous les savants vous le diront, d'ailleurs. À la roulette et au loto, tous les numéros ont la même probabilité de sortir ! Ce que peu de joueurs en général valident. Ils refusent cette évidence et cherchent à maîtriser le hasard par l'invention de formules plus ou moins rigoureuses. C'est encore un de nos paradoxes d'humains d'essayer de donner du sens au hasard et d'essayer d'y mettre notre ordre. Ou pour le moins d'essayer de lui trouver une logique acceptable ou pseudo-scientifique.

De fait, la plupart des joueurs choisissent de jouer toujours leurs chiffres : dates de naissance, âge des enfants… quelques chiffres qui les symbolisent. Les plus curieux ou les plus scientifiques essaient de produire des théories tenant compte, par exemple, des derniers numéros sortis. Les tables de roulette des casinos les affichent. Doit-on les rejouer ou les éliminer ? Personne ne sait répondre. Les probabilistes confirment que souvent, sortis ou pas, ils peuvent ressortir ou pas. Pire que les Normands et les psys ! Même chose pour un dé jeté. Autant de chances de faire trois six de file que des cinq ou des as… *La seule certitude est que pour gagner, il faut jouer !* Cette seule évidence est à retenir pour notre gouverne. Pour gagner un jour dans la vie, comme au loto, il faut jouer, c'est un vrai choix. Mais la martingale de la bonne composition n'existe pas !

LA MAUVAISE FILE

Vous êtes en retard au guichet de la poste, vous avez opté pour la file la plus courte dès votre arrivée. Or, toutes les files avancent à un rythme normal… sauf la vôtre. Que se passe-t-il ? La malédiction de la mauvaise file vous tient ! Il se passe qu'au lieu du paquet recommandé bien vite donné, les clients précédents ont tous envie, ce jour-là, de faire des règlements financiers à ce guichet, que la préposée va être dérangée par un coup de téléphone interminable, qu'elle va tout à coup se lever et se diriger à l'arrière vers un lieu caché d'où elle ne reviendra peut-être jamais. Pendant ce temps, vous haïssez le service de la poste, tous les postiers et tous ces gens qui n'ont rien à faire là. La même chose se produit sur la route ! Vous allez oser changer de file et la même histoire se produit. Les autres avancent et pas vous !

Prenez garde, la paranoïa vous guette, aussi, mettez à profit ce temps d'attente pour appeler votre conseiller ou votre thérapeute, car la malédiction de la mauvaise file n'existe pas. Deux chercheurs américains[14] l'ont prouvé. Dès qu'un bouchon se forme, les deux files évoluent à la même vitesse l'une que l'autre. Au bout du compte, on est généralement dépassé autant que l'on dépasse. L'impression serait… une impression : « Sur les dix minutes, on passe moins de temps à doubler qu'à être doublé. Cela est dû à l'écart entre les voitures. Lorsque celles-ci sont à l'arrêt, pare-chocs contre pare-chocs, les chanceux de la file d'à côté peuvent en dépasser trois en une seconde. En revanche, comme les automobilistes qui roulent sont séparés par une certaine distance, on ne sera jamais dépassé par trois véhicules en une seconde. Dépasser est un plaisir bref, être dépassé, une torture longue[15]. »

Nous vous conseillons la relecture de ce bref passage et vous prions d'y croire, car nous sommes nous-mêmes dubitatives. Il nous semble que… l'histoire de la mauvaise file au bureau de la poste ou au supermarché n'est pas si ridicule ! Enfin… nous devons effectivement manquer de recul quand nous sommes comme vous, émotionnés ! Il nous arrive même de parler à notre oreiller ou d'allumer des bougies ! Pourquoi, alors, empêcher les pauvres possédés de se promener avec une patte de lapin dans la poche, ou de jeter du sel par-dessus leur épaule pour conjurer le sort ? Ces gestes superstitieux sont des petites manies venues de la nuit des temps. Les reproduire nous love dans les grands bras de l'humanité et nous berce gentiment. Ce sont des pratiques mignonnes et réconfortantes qui n'engagent pas au-delà du geste. Ce sont nos doudous de grandes personnes. Ainsi, on aime avoir certains objets près de nous parce qu'ils nous réconfortent et nous rassurent, parce qu'ils contiennent un bout de notre histoire. Ils servent de talismans.

Toutefois, soyez prudents. *L'imagination* peut être flamboyante lorsque l'on joue dangereusement avec le surnaturel. Les tables qui tournent, les discussions avec les morts font recette. On souhaiterait tellement que « ça » fonctionne et que l'on puisse revoir les êtres chers encore une fois ! Le piège de cet irrationnel peut vous conduire à la folie, à la perte de tout esprit critique. Nous nous rebellons surtout contre les charlatans de la bonne santé. Dans cette catégorie, certains sont comme nos bonnes voyantes ; ils réconfortent, apaisent, redonnent de l'espoir ou de l'élan vital. D'autres sont dangereux, car ils laissent croire qu'ils peuvent se substituer aux médicaments ou à la science.

Ceux qui s'en remettent à ces forces obscures, à ces bonimenteurs de pacotille sans méfiance et sans recul abandonnent l'idée que nous menons notre route librement. L'idée de libre choix ne peut cohabiter avec celle de l'ensorcelé, de l'emprise du gourou, de « l'œil » de Satan ou d'un mauvais sort que nous ne pouvons combattre. Par contre, nous voyons bien que certains chemins de vie sont exceptionnels ! Inattendus, pour le moins… Faits d'éléments qui vous tombent dessus et qui restent sans explication rationnelle. « Pourquoi moi ? Suis-je maudit ou béni des dieux ? Que m'arrive-t-il qui échappe à mon entendement ? »

« Je n'ai pas choisi d'être otage », disent les journalistes enlevés par les guérilleros. On s'en doute bien. Ils ont simplement choisi de faire un métier dangereux et de courir sous les bombes, alors que certains de leurs camarades coulent des jours heureux à... écrire des horoscopes. Les victimes du World Trade Center ou celles du dernier tsunami n'ont pas choisi leur fin. Elles étaient là, hasard terrible.

Hasard terrible aussi que la maladie qui s'acharne. Comment la légitimer ? « Quelle faute ai-je commise pour être ainsi désigné ? », pense-t-on encore parfois, fidèle à cette fausse idée que Dieu punit ainsi ses créatures. Aucun mal. Car, hélas ou tant mieux, la maladie ne se préoccupe pas de morale non plus. Elle s'impose, selon nos fragilités génétiques ou nos réactions psychosomatiques. Elle se contourne, se fait blouser ou dépasser par nos réactions efficaces et adaptées. Nous ne jouons pas à égalité devant ses perfides attaques, et elle gagne parfois. Certains d'entre nous sont mieux armés pour la dompter, d'autres se laisseront séduire et détruire.

Un vrai choix ici ? Pas vraiment. Une réaction à des choix malheureux qui ont un retentissement sur notre corps en somatisations néfastes ? Oui, parfois, mais notre interprétation doit rester prudente et nos conclusions modestes. Y faire face est un travail de recherche sur soi-même qui doit nous inciter à changer de cap, mais ne doit en aucun cas nous entraîner vers des remords ou des compréhensions fausses et inutiles. Certains médecins culpabilisent leurs malades en leur indiquant qu'ils ne sont pas les victimes mais les metteurs en scène de leurs tragédies ! C'est sans fondement et traumatisant. Un divorce se solde par une séparation douloureuse et un cancer. Un mal au dos est dû à une difficulté d'intégration au bureau. Certainement. Mais une fois la question posée, s'y attarder ne sert à rien. Il faut au contraire mettre toute sa vitalité à se sortir de ce faux pas.

Regardons plutôt avec attention tous ceux que la vie maltraite et la façon dont ils rebondissent après leur malheur pour conclure avec eux que *le choix est dans ce que l'on fait ensuite de son handicap.* Les Jeux olympiques, le tour du monde, ou est-ce que l'on sombre dans l'amertume et la dépression ? Lourde et amère décision, pour un choix vaillant.

Miraculeux ou tragiques, dirons-nous, que ces choix du destin dépassent notre pauvre compréhension du sens de la vie ? Ceux-là uniquement. Plus effectivement, voici quelques évidences bêtes. Nous n'avons pas non plus choisi de naître ici ou ailleurs, ni décidé la couleur de nos yeux, ni dans quelle famille la cigogne nous jetterait. Pour ceci, il faut se raisonner, peu de possibilités s'offrent pour changer la donne. Mais toutes les possibilités restent pour faire de ces opportunités une vie agréable. Pour en finir avec le destin, voici une merveilleuse maxime à ne jamais oublier : *ce n'est pas ce qui advient qui importe, mais ce qu'on en fait.*

Pour tous les choix ne relevant pas de ce catalogue de hasards insupportables, notre liberté sera conditionnelle mais totale… Les conseils maintenant vont suivre, en un stéréotype parfait. Voici le *must,* la parole d'évangile… du choix bien mené.

CHOISIR ENTRE LES MOTIFS QUI ME SOLLICITENT… SANS ÊTRE DÉTERMINÉ PAR AUCUN

C'est l'idéal du choix libre ! Il ne nous a fallu que quelques dizaines de pages pour en arriver là. Bien, mais pour l'heure, ce n'est qu'une bonne définition. Ce qui est intéressant, à notre avis, c'est ce que nous faisons de ce bel adage de philosophe. On voit bien quelques pistes à suivre tranquillement, pour trouver les fameux arguments qui vont nous solliciter.

Il s'agit bien sûr d'analyser *les causes réelles de son choix.* Par « motifs », il faut entendre plutôt « motivations » ! Prenons un exemple simple, sans pathos. Vous voulez choisir votre lieu de vie, votre maison, votre appartement ? Nous vous conseillons de lister tout ce que vous souhaitez trouver en rentrant chez vous. Travaillez avec un crayon et du papier. Faut-il que votre lieu de travail soit proche… de votre maison ? À la ville, à la campagne ? Faut-il qu'il soit très grand, ou petit et très pratique ? Que la pelouse ne soit pas envahissante ?

Vous allez voir votre liste s'allonger… s'allonger. Soulignez les indispensables et classez-les par ordre d'importance. Demandez-vous pourquoi certains sont importants. Alors que vous êtes si près du but, il ne faut pas se laisser avoir par un comportement de type « mouton de Panurge ». Vous devez éviter de copier la solution de votre cousine si snob qui préfère manger des pâtes et dépenser tout son argent dans un pied-à-terre des quartiers chics si vous n'adhérez pas à ce concept. Vous devez encore éviter de reproduire le salon de papa-maman. Faire montre de personnalité, sans pour cela tomber dans le médiocre…

Nous voyons bien là tout ce que va *révéler votre choix* quant à vos idées, votre caractère, votre comportement ! Le choix est toujours un révélateur. On pourrait presque dire : « Dis-moi ce que tu choisis, je te dirai qui tu es ! » Presque toujours, car les choix aiment autant que nous la nuance et la contradiction. La teinte des douces aquarelles, les presque gris, les à peine rouges, les clairs-obscurs, les ombres portées… Ils nous sont propres. Ils sont le résultat de nos compromis et de ce que nous voulons faire de notre vie à un moment donné.

Si vous voulez changer de travail, par exemple, vous allez vous demander quel intérêt aurait pour vous le nouveau travail que vous envisagez. Est-il plus passionnant, moins stressant ? Gagneriez-vous plus ? La ville où vous devriez emménager est-elle plus agréable ? Vous voyez que là encore les questions peuvent se poser à l'infini. Elles sont subjectives, liées à une appréciation qui est propre à chacun. Ensuite, il faudra assumer ce choix devant tous ceux qui ne vont pas manquer de vous critiquer, voire de vous demander de vous expliquer. « Quelle idée ! dira peut-être votre mère, d'aller t'enterrer à la campagne. » Vous lui lirez alors les 21 pages d'arguments que vous avez préalablement établis pour lui clouer le bec.

On ne conseillera peut-être pas la même attitude pour le choix amoureux, qui requiert encore plus de sérieux. Quoique... sourions jusqu'au bout... pour soulager l'angoisse qui nous étreint lors de l'élaboration de cette fameuse liste !

- Pierre montre d'énormes qualités. Lister lesquelles. Égale trois +.
- Paul est plus riche. Lister le nombre de voitures et de maisons. Il a un sale caractère. Égale... moins zéro.
- Jean est drôle et fantasque, mais pas fiable car coureur de jupons. Égale zéro !

Qui va gagner ? Attention, l'enjeu engage pour un certain temps et les yeux manquent souvent de clarté quand il s'agit d'amour ! Faites-vous aider, mais n'écoutez pas obligatoirement.

LE CONFORMISME

Un mouton de Panurge c'est, ni plus ni moins, quelqu'un qui ne veut pas sortir du troupeau. Il y est à son aise, bien bordé à gauche et à droite par les chiens de garde. Pourquoi ? Ben, parce qu'ainsi il n'ira pas voir ailleurs ! Il est satisfait de cet ordre qu'il n'a pas établi et s'en contente. Certains ne pensent même pas que l'herbe peut être meilleure dans le pré d'à côté. Le mouton de Panurge est un être respectueux de la loi. Celle des ancêtres, de la communauté, celle du voisin. Il est le prototype du conformiste. Autour de nous, les exemples sont aisés à trouver. Ce sont les adeptes du fameux « ça ne se fait pas », qui tient souvent lieu de morale.

Le « ça ne se fait pas » contient de nombreux interdits, souvent peu légitimes. Il est pratique et s'adapte à de nombreux cas. Ainsi, vous pouvez dire à votre ado : « Ne fume pas dans la rue, ça ne se fait pas ! » ou bien « Tu ne peux pas refuser d'aller passer Noël chez tes grands-parents (détestables) parce que ça ne se fait pas ! » L'ado rebelle va immédiatement vous demander pourquoi. Vous allez sécher pas mal avant de trouver l'idiot « parce que » que vous détestiez tant vous faire dire durant votre enfance.

Voilà ! *On ne fait pas ceci ou cela « parce que ».* Nous ne parlons pas ici de petites retenues du style : « On n'arrive pas sans fleurs quand on est invité à dîner », qui ne sont que des usages, mais de ces grands principes de comportement qui tiennent lieu de loi. Les conventions, les coutumes, la tradition les ont décidés depuis si longtemps que l'on ne sait même plus pourquoi ces façons de penser persistent, ni quelles merveilleuses raisons elles soutiennent, ici et maintenant. Remarquons, malgré tout, que ces ukases ne sont pas totalement stables. Il y a peu de temps « ça ne se faisait pas » du tout de vivre avec son fiancé avant l'engagement solennel. Les témoins de cette époque n'auraient jamais imaginé que 50 ans après, c'est le contraire qui ne se fait plus. En Europe et chez nos amis canadiens, les mentalités évoluent bien vite et sans trop de tapage. Qui pensait, en 1975, que 25 ans après on parlerait d'officialiser le mariage gay et que certains pays l'adopteraient ? Qui imaginait que le divorce deviendrait chose commune et banale pour deux couples sur trois, si rapidement ?

L'autre formule est plus personnelle : « Je n'oserai jamais faire ce choix. » Le psy demande immédiatement les raisons. Éliminons tout de suite la première réponse si c'est la formule ci-dessus traitée, « parce que ça ne se fait pas », et prolongeons la discussion. « Parce que je ne l'ai jamais fait, parce que mon père ou ma mère ou mes enfants ou mes amis condamnent cette pratique, parce que moi-même j'en suis incapable. »

Il y a donc une position très conformiste, proche de celle du mouton de Panurge, mais aussi l'expression d'une *vraie terreur* devant l'inconnu. Le « je n'ose pas » est personnel, il engage le « je » devant le social. Ainsi, je n'ose pas demander de l'aide à mon supérieur hiérarchique parce que j'ai peur qu'il me trouve sot, ou peur de l'ennuyer avec mes histoires. Cet empêchement prend de multiples aspects. Jérôme n'ose pas traverser le salon de coiffure. Mélanie n'ose pas entrer dans un bar ou un restaurant. D'autres n'osent pas conduire en ville… Nous voyons que ces impossibles agacent la vie quotidienne et restreignent les choix. Nous prenons des exemples volontairement simplistes, mais nous laissons à votre réflexion toutes les restrictions qu'entraînent ces deux phrases. Quand il s'agira de grimper l'Everest, il faudra leur tordre le cou!

LES CHOIX INTERMITTENTS

Ces possibles choix changeants réconfortent cette étude. Une évidence merveilleuse paraît: *tout peut bouger, rien n'est figé. Le choix est rarement définitif.* On dit même communément qu'avant de s'engager, il faut savoir comment on va se désengager. Applaudissons les prévoyants époux américains qui joignent le contrat de séparation au contrat de mariage. Cette pratique devrait se développer, non que nous soyons sottement sorcières pour coller le mauvais œil aux jeunes mariés innocents, mais nous sommes prudentes... terriblement prudentes, à cause de tous les exemples détestables que nous observons tous les jours. Avant chaque acte nous devrions donc imaginer le contre-acte! Je me marie demain, mais quelle importance? Je peux divorcer après-demain... «Hé les psys, soyez sérieuses», entendons-nous! Bon, ce n'est pas exactement ce que nous vous conseillons, mais nous sommes contentes de vous faire remarquer que ce qui est bon un jour peut ne pas l'être à l'avenir. L'idée forte étant que l'on peut se RISQUER à... Le choix peut être de longue durée, mais il est rarement définitif. En général, on peut le modifier... pour son métier... en amour et vraiment en amour! Surtout si on est seul engagé et si notre choix ne regarde que nous (ce qui n'est pas toujours le cas en amour). Il conviendra ensuite de ne pas recommencer les mêmes erreurs. Ce qui n'est pas si aisé. Les psys pessimistes persistent encore à prouver que l'homme est grand répétiteur de situations inconfortables! C'est vrai. À peine est-on sorti de l'impasse qu'il semble qu'une force irrépressible veuille nous y faire retourner. C'est notre chère habitude de ratiociner et de revenir au même endroit, parce que finalement, n'y étions-nous pas bien, en pays connu? C'est justement cela que nous pouvons changer pour éviter que le passé nous englue dans sa boue familière, et qu'enfin nous arrêtions le choix malheureux, grâce à une prise de conscience efficace.

L'histoire de Maria se prête merveilleusement à l'analyse. Ce cas est un exemple où se lisent fort bien les mécanismes qui entourent les bons et les mauvais choix, les possibles avancées et les possibles retours.

Maria est employée de maison depuis longtemps. Elle a un fort caractère, mais c'est Maria. Elle bénéficie de toute l'affection que l'on nourrit pour celle qui s'occupe si bien de nous. Les années passent et les désirs de Maria ne sont pas secrets. Dès qu'elle le pourra, elle retournera dans son Portugal chéri. Car au Portugal tout est beau et la vie est facile. Grâce à elle, nous avons appris à aimer ce pays. Il fait partie de notre famille ! Un beau jour, c'est un conte de fées... Maria gagne une grosse somme d'argent au tiercé (jusqu'alors son mari tendait plutôt à l'endetter). Et la voici, comme Perrette et son pot au lait, la tête pleine de château en... Portugal ! Et voici qu'un beau jour d'été, sa maison toute neuve construite, Maria emporte enfants et mari dans son beau rêve d'amour, pour ne plus revenir. Nous pleurons de peine et de joie. Nous citons les poètes. Ah ! qu'il est doux de revoir son village, de rentrer chez soi... « Quand reverrais-je hélas, de mon petit village fumer la cheminée ? » Une année passe, avec très peu de nouvelles. Et un beau jour, notre Maria nous revient. Déçue, mais fière du premier, comme du deuxième choix. Deuxième choix qui allait lui compliquer la vie, car elle revenait sans le sou et sans travail ! Les enfants n'avaient pas supporté le Portugal. Nés et élevés en France, rien ne leur plaisait de leur nouvelle vie.

Tentons ensemble l'explication de texte. Nous sommes obligées de dire d'emblée que Maria a eu de la chance. La chance de rencontrer la bonne fée qui connaît les courses de chevaux. Certes, elle n'avait pas attendu cet événement pour imaginer son avenir. Amoureuse de son pays, voulant y mourir, elle avait déjà envisagé que, grâce à son courage et à son travail, elle s'offrirait la belle maison de ses vieux jours et imaginait les voisins fous de jalousie. (Ce dernier aspect n'était pas la motivation essentielle. Pour autant, il est impossible de revenir chez soi sans être « plus » riche, car autrement à quoi servirait de s'exiler ?) La chance qui s'abattait sur elle avec ce pactole lui donnait seulement la possibilité de réaliser son rêve plus rapidement... Rêve fortement défendu auprès de sa famille perplexe. Elle embaucha alors maçons et charpentiers pour construire dans sa province sa jolie maison, inscrivit les enfants à l'école du village, liquida meubles et souvenirs et emporta sa tribu à des centaines de kilomètres.

Après quelques mois, ce fut la déception. Même son époux s'ennuyait dans ce village trop calme. Que dire des enfants, pour qui l'endroit est un bled où la télé est nulle, où on ne peut même pas aller au cinéma ! Les mois suivants seront un enfer. C'est ici que Maria la sage comprend qu'aveuglée par son désir, elle a oublié un argument essentiel. Ce projet *n'était que le sien* !

Maria va consentir le cœur gros à revenir sur ce choix. Admirons cet aller et retour qui regroupe à la fois les risques du premier emballement et le raisonnable repli. Les discussions ont dû aller bon train, pendant l'année transitoire. Les questions « Qui veut rester ? » et « Qui veut partir ? » devaient s'inscrire au menu de tous les jours.

Le gain est discutable, mais intéressant. Les enfants ont eu l'expérience d'un ailleurs où ils disent ne jamais vouloir retourner. Les époux, celle de la perte de leurs illusions ! La maison va les attendre quelques années, anxieuse de bien vieillir jusqu'à leur retour.

LES CHOIX MULTIPLES

« Je dispose de plusieurs chemins que j'aime également et que je choisis tour à tour selon la couleur du ciel ou la couleur de mon âme[16]. »

Maria a choisi de revenir vite. A-t-elle bien ou mal fait ? On peut supposer que si elle s'était obstinée, les enfants auraient fini par s'adapter et son mari aussi. *Un choix s'apprécie après sa décision.* Il suffit parfois d'avoir un peu de patience.

Au début, Alice ne voulait pas suivre sa maman. Les discussions ont duré des mois. Elle avait des arguments. Elle allait tout perdre, les copains, le lycée merveilleux, cette ville qu'elle aimait !

Sa mère s'épuisait en motivations inverses : il est bon de changer ses habitudes, il ne faut rien regretter, l'avenir sera meilleur, la nouveauté est stimulante… Alice, un peu contrainte, a suivi. Un mois après, elle avait tout oublié, même les amis. Infidèle, Alice ? Non, les nouveaux amis sont si bien. La vie si différente. Elle a compris que la nouveauté était stimulante et portait de nouveaux défis qui font oublier le passé très vite.

Il n'y a sûrement pas *un seul* bon choix. Il y en a souvent deux ou trois… et parfois plus, qui s'avèrent pleins de bonheur… Des échecs durement ressentis et analysés qui poussent ensuite vers un très bon choix. Dans ce cas, on ne sait pas si l'échec est dû à notre savante intuition ou à la malchance. Inutile de vous lamenter si vous ratez votre examen, votre inconscient vous signifie que vous étiez certainement sur la mauvaise voie et voilà pourquoi vous n'avez pas entendu ce maudit réveil.

Si cette interprétation est fausse, tant pis, si en fait vous êtes recalé parce que vous n'avez pas travaillé, tant pis, c'est au moins une vision optimiste de la vie ! Vous ne serez pas ceci, vous serez cela, vous penserez ensuite que ce coup du sort était bien vu. On est souvent programmé pour être à la fois ceci et cela, et pour rêver encore qu'on pourrait être une star.

Notre société même nous pousse à ces infidélités. Ne dit-elle pas, comme nous l'avons vu pour le choix du métier, que nous devons nous préparer à en exercer plusieurs ? Nous sommes peut-être « faits » pour être professeur, mais aussi électricien, boulanger ou vendeur ! Pas pour une seule fonction ou une position préalablement définie. Adaptables souvent, ou du moins perméables, avec notre petit socle de connaissances. Ainsi, Alice peut imaginer être journaliste ou bien écrivain, ou bien les deux à la fois. Les auteurs et écrivains, par exemple, ont fréquemment, faute de remplir leur emploi du temps et leur escarcelle avec un seul métier, plusieurs activités, et en sont le plus souvent satisfaits. Tout comme certains de nos amis musiciens qui exercent, avec le même talent, une activité de concertiste et de professeur. Vous les direz complémentaires, certes, mais en cherchant bien, nous trouverons de nombreux exemples d'activités différentes exercées en même temps par une même personne. Comme les chats, nous voulons sept vies, et plus encore.

Rien ne nous empêche non plus d'écouter un concert de rock et un opéra et d'aimer l'un et l'autre, ce qui est notre cas. Le choix n'est pas restrictif.

Étonnant de vouloir aimer une chose et l'autre ? Non, ce serait, plus exactement, la preuve d'une grande curiosité. Butiner de gauche à droite forme l'esprit. (Rassurez-vous, pour l'infidélité conjugale, on mettra les bémols.)

Imaginez votre arbre préféré et sa belle ramure. Nous allons le transformer en métaphore facile. Un arbre de vie, un grand chêne majestueux sur lequel vous grimpez jusqu'aux premières branches. Ensuite, vous pouvez aller à droite, à gauche et au milieu, à condition toutefois que vous jugiez la branche suffisamment solide. Posez un pied, si elle flanche revenez en arrière, si vous êtes d'humeur audacieuse continuez, vous tentez le diable.

La vie serait donc un QCM ! Comme à l'école, *un questionnement à choix multiples*. Notre « accrobranche » est un jeu périlleux par essais et erreurs, très commun en amour… très formateur ailleurs. Le sage Nietzsche proclamait que ce qui ne tue pas construit. Alors pourquoi hésiter ? C'est une opportunité que cette possible évolution de nos choix vers d'autres choix, sans besoin d'en justifier la pertinence.

Juste pour essayer et récupérer l'air du temps, on n'imagine pas écouter les standards de notre jeunesse durant toute notre vie, même si la nostalgie nous entraîne parfois à y revenir pour vérifier si nous avions fait une bonne pioche ! Ou pour se souvenir et en tirer quelques bonnes conclusions. Cette analyse sans honte est une façon de bien se comprendre et révèle parfois bien des facettes de notre personnalité. Celles du passé et celles de ce que nous sommes devenus.

Le temps modifie nos goûts et c'est bien ainsi. La maturité, l'expérience, la curiosité, tout concourt à la multiplication des possibles et à *l'infidélité raisonnable*. Il ne s'agit pas de brûler ce que l'on a aimé, mais de compléter la panoplie de ce qui peut être expérimenté. Ou bien même, de reprendre nos héros et de les revisiter. Lire Proust à 20 ans, le relire ensuite est un bon exercice, disent les puristes. Nous ne reverrons pas non plus certains films adorés avec la même ardeur le temps de la sagesse venue ! Les plus jeunes nous le reprocheront. Les jeunes ardents révolutionnaires deviennent de vieux c… réactionnaires ? Aïe, il faut beaucoup de force de conviction pour expliquer que ce n'est pas se compromettre que de renoncer à ses choix de jeunesse. Une sombre lutte avec un principe de réalité ?

Ajoutons à ces idées les hésitations nécessaires pour sauver la fidélité en danger, et limiter l'envie de tout expérimenter comme un chien fou ! En effet, quelques éditions méritent réflexion avant leur renouvellement. Le Don Juan de Molière compte mille et trois aventures répertoriées à son catalogue amoureux, chante le pauvre valet subjugué ! Ce n'est pas une raison pour vous autoriser à compléter votre propre tableau de chasse en essayant de l'égaler et en multipliant vos amours sous prétexte d'expériences psychologiques ! Le trop gâte parfois le jeu et peut conduire à la boulimie. Par contre, il est heureux de penser que l'on peut tour à tour vivre en couple, puis solitaire, puis marié, puis… qu'une longue possibilité de choix existe. Que l'on puisse, sans passer en cour martiale, changer de parti politique ou même de convictions religieuses.

Le merveilleux Ulysse de *L'Odyssée,* tout engagé qu'il est dans son retour à Ithaque, où sa Pénélope l'attend, est une parfaite illustration de ces deux leçons. La première : qu'il faut parfois beaucoup errer avant de choisir. La seconde qui en découle : choisir s'apprend en faisant et en comparant.

Si le héros « tourmenté[17] » erre un temps fou et vit de multiples aventures avant de trouver son chemin, ce n'est pas un hasard. Toutes ses péripéties ont valeur d'initiation. Il comprend par exemple les dangers de l'immortalité, la perfidie du chant des sirènes, le malheur du farniente. Du refus de s'y abandonner vont venir la connaissance et la sagesse, et enfin le mode d'emploi pour une bonne ligne de conduite à son retour. Pour revenir à notre propos très terre à terre, Ulysse est un bon exemple. Je regarde, je compare, je choisis. Toutes les expériences m'amèneront à plus de discernement et je n'ai pas qu'une chance, mais de multiples occasions de remettre mes choix en accord avec moi-même.

Comme toujours, il y a dans notre discours une épine de taille ! Mais nous aimons traiter les épines. Nous avons appris à l'école qu'Ulysse, une fois revenu et reconnu par son peuple, allait « plein d'usage et raison vivre entre ses parents le reste de son âge », entendons vivre heureux ! Or, dans *L'irréversible et la nostalgie*[18], le maître Vladimir Jankélévitch, ce grand philosophe irrévérencieux, décrit un autre Ulysse, qui fiche toutes nos belles idées sur le choix, et le nécessaire bonheur du choix bien construit, aux oubliettes. Car l'Ulysse de Jankélévitch commence à s'ennuyer dès lors qu'il est auprès de sa Pénélope, dans cette maison à laquelle son cœur depuis si longtemps aspirait. Amère dérision ! Ulysse à la table familiale ne mange pas : il est distrait, rêveur… Le Vagabond pense à Calypso, la toute divine dans sa grotte marine. Auprès de la soupe rustique de son épouse, il pense à Circé l'enchanteresse dont la voix est si belle et les festins si somptueux. Il pense à Nausicaa la toute gracieuse et aux jeux sur la grève. Assis devant sa princesse, il songe aux princesses lointaines qu'il a laissées sur sa route. Ulysse déprime ! Nous aimons et l'idée et le poète. Humain, tellement humain cet Ulysse. Vous étiez prévenus lecteurs : un choix consenti, choisi, attendu, n'empêche pas la nostalgie. Il le faudrait pourtant mais… humain, très humain cet Ulysse. Tellement moderne.

Y a-t-il un conseil pertinent pour éviter ce piège ? Retrouvez-nous plus tard, nous verrons que la nostalgie est une coquine.

CHAPITRE 3

La liberté conditionnelle

Pas besoin de gril : l'enfer c'est les autres.
– JEAN-PAUL SARTRE,
Huis clos, 1943

Dans les chapitres précédents, nous avons essayé de tirer enseignement de quelques situations de choix et mis en évidence quelques parasites à surveiller bravement pour gagner un peu plus de liberté. Nous espérions qu'il suffirait de contrôler notre relation avec dame frustration, nos conformismes, nos idées reçues et notre inconscient farceur pour qu'elles soient pures !

Nous avons délibérément délaissé le paramètre *autrui,* nous avons fait semblant d'oublier pendant quelques pages que nous vivons dans une société normée, policée et que nos choix y étaient inclus. Voilà que nous revient cette pensée « sartrienne » : « L'enfer, c'est les autres. » La formule est radicale, nous le serons moins. Elle est toutefois inévitable pour notre sujet. Il est bien évident que nous devons intégrer *la place de l'autre dans la plupart de nos choix.*

QUAND UN CHOIX RENCONTRE UN AUTRE CHOIX !

Notre Autre, notre ami, notre frère est aussi dans l'arbre, avec nous ou contre nous ! Seuls, rien ne nous arrêterait. Uniquement responsables de notre propre survie, nous pouvons décider de réduire notre temps de travail et nous contenter de notre maigre salaire ! Vivre en ermite dans notre caverne si nous ne sommes engagés auprès de personne, si nous n'avons aucun contrat consenti.

Hélas, on est rarement tout seul à mener sa barque. Comment, si je suis responsable, puis-je entraîner ma famille dans cette galère ? Appelons les philosophes et les sociologues à la rescousse, car la limite à notre grande envie de liberté de choisir est *l'existence d'autrui, le respect qu'on lui doit ou le respect que l'on doit à l'engagement pris à son égard.*

Peut-être est-ce pour cela d'ailleurs que certains hésitent à s'engager, au nom de leur propre liberté à conserver à tout prix. Pour que jamais leurs choix ne nuisent ou ne soient entachés de l'opinion de l'autre !

« Ma liberté, longtemps je t'ai gardée comme une perle rare », chante le poète[1]. Liberté de choisir et Autrui doivent aller ensemble, dites-vous ? Parce que l'homme est un animal social ? Eh bien ! Voilà que les nuages arrivent. Nuages seulement, car nous savons toujours les compromis possibles.

PRÉREQUIS INDISPENSABLES À LA VIE AVEC MON AUTRE

Il existe des préalables incontournables que l'on ne va pas développer ici. Ce serait un affront ! Car vous savez sans qu'on vous le rappelle que l'autre est votre égal en tout, qu'il a les mêmes droits que vous. Que les femmes ont le droit de voter depuis des lustres… Que l'on a aboli l'esclavage. Ces principes, bien rangés dans votre tête, sont d'une aide précieuse et nous permettent de compléter votre savoir en énonçant quelques conseils supplémentaires et particuliers… au choix. *Quelques conseils toujours valables, quel que soit le sujet du choix !*

Tu ne convoiteras pas le bien de ton frère…

Formule biblique, amie de la frustration déjà largement dénoncée, c'est *la convoitise,* qui parfois attise le choix. Nous commençons très tôt à préférer le champ du voisin ! S'il faut un autre exemple, regardez nos amies sœurs dans un magasin de soldes. La convoitise, l'envie de la bonne affaire, la peur de s'en faire souffler une sous le nez les rend hystériques. Tout bonnement folles.

Idem pour ces messieurs. La voiture du copain les verdit de jalousie maladive.

La jalousie est la grande sœur de la convoitise, une souffrance ou une maladie. Sa naissance n'est pas un mystère, mais en parler nous gêne, la reconnaître et l'admettre sont mission impossible. Elle débarque très tôt et très vite dans nos vies. Pour une broutille, une réflexion maladroite entendue dans un couloir: «Ses yeux sont moins beaux que ceux de sa sœur»; une phrase absurde et récurrente: «Regarde ton frère, comme il est plus adroit que toi!» Elle n'aurait rien à faire dans ces pages si nous ne l'accusions de gêner nos choix, et ce, très maladivement. En effet, comment choisir en toute liberté si ce choix est conditionné par la réussite de votre frère ou de votre voisin si brillant. À ce propos, notre grand maître Freud avait déjà repéré que ce qui nous plaisait le plus était le grand amour d'Autrui. Il s'agit de la condition du *tiers lésé*. Sur le fond, c'est le fait qu'un homme ne choisit jamais une femme encore libre, mais uniquement une femme sur laquelle un homme peut faire valoir des droits de propriété, qu'il s'agisse de l'époux, de l'ami ou du fiancé[2].

Cette condition va vous agacer, lectrice, mais le cher maître est d'un autre siècle et pensait alors qu'une femme appartenait à quelqu'un. Oubliez, comme nous, cette histoire d'appartenance à un homme pour ne retenir que la substantifique moelle de l'idée. Le désir fonctionne mieux quand il y a un combat de convoitise. «Je veux ce que tu as.» C'est hélas le départ de toutes les guerres. À la maternelle déjà... le petit veut ce que l'autre a dans sa main.

... ni la silhouette de Kate Moss!

Pauvre Kate. Nul n'ignore que Kate est un mannequin célèbre qui fait et défait les modes et qui doit s'amuser de voir autant de petites Kate alentour. Elle porte le jean que tout le monde veut, le sac qu'on va s'arracher (ou se faire arracher). Il n'est d'ailleurs pas étonnant qu'elle soit un tel sujet de convoitise. Elle est belle comme il faut, mais point trop, n'a pas les jambes qui montent jusqu'au plafond, ne se comporte pas toujours bien, est sulfureuse à souhait et, comme ses sœurs, passe sa vie à être en relation puis à se séparer. « Comme moi », disent ses fans. Il ne reste qu'à copier ce reflet trompeur.

Car l'image glacée du journal n'a rien à voir avec la réalité. Une image reste une image. Certes, il y a le texte qui va avec, pour nourrir nos fantasmes. Nous partons en vacances, comme monsieur Untel, nous allons admirer les yachts des ports chics, espérant voir ou toucher notre vedette, des milliers de fans se pressent à la sortie des concerts. Les blogues, la fréquentation de Facebook ou de Twitter nous donnent l'illusion de nous rapprocher de nos idoles. Illusion ! Ce faisant, nous cumulons les handicaps, *désir frustré, convoitise et imitation.*

Comment choisir pour soi si le but de la vie est de ressembler à l'Autre, dont on veut copier l'apparence ? La mode et ses diktats, la société et ses engouements sont des leurres. Heureusement, les modes changent, un jour ceci, un jour cela, un jour éloge de la maigreur, un jour des rondeurs. Grâce à cette valse, vous serez, au moins un jour dans votre vie, « dans le coup ». Pour rassurer ceux qui doutent, des petits malins ont créé des centres de « relooking » ou « d'apprentissage d'apparence ».

Des bilans, des questions bien ciblées, repris par les experts, leur apprendront à mieux choisir, pour mieux s'intégrer dans le paysage. D'où l'intérêt d'apprendre dès son jeune âge la différence entre la robe rouge et la robe bleue. Quand l'habit fait le moine, faut-il y souscrire et s'y plier ?

Les rebelles feront le choix « contre » ce qui se fait, mais ils resteront toujours dans un choix imposé… contre le choix commun. Cette réflexion est très désagréable à entendre. Ainsi, faire un choix contre est toujours une forme de conformisme ? Dire « Je ne veux pas brailler avec les loups » suppose que vous braillerez quand même, mais avec d'autres loups ! Des clans d'appartenance se créent avec leurs modes de fonctionnement et leur mode tout court.

Les ados entrent souvent dans cette galère. Vêtus semblablement, pensant semblablement, ils sont contents d'être le clone de l'ami ! Si cette copie conforme continue à l'âge adulte, l'un des deux sera dans le désir de l'autre. Mêmes goûts, mêmes ambitions, mêmes convoitises ! Mêmes surenchères parfois.

On note aussi cette habitude entre les membres d'une même fratrie. Les choix faits par les frères et sœurs sont soumis à compétition. Pour gagner l'amour des parents, disent les psys. Pas seulement, répondons-nous, même s'il est vrai que ceux-ci ont plutôt tendance à tout faire pour que leurs enfants se ressemblent au lieu de se démarquer. La vraie raison est que nous tous, parents, professeurs, société, les éduquons par « comparaison ». Il faudrait au contraire insister sur leurs différences. Mettre en avant leur singularité. Tâche difficile, le chien de garde social n'aime pas trop les têtes qui dépassent. L'originalité, l'authenticité ne sont guère prônées. Le bon petit est celui qui ne se fait pas remarquer. Avec la souffrance qui va avec. Pour les choix sans importance et tous les autres, cet apprenti aura tendance à se couler dans le moule du clan ou, s'il veut la compétition, à faire mieux et plus, au lieu de faire autre.

Mon frère vient d'acheter une somptueuse voiture, il faut que la mienne soit PLUS… Ce plus n'est pas de la compétition saine, il y entre de la convoitise, qui se mélange à l'envie. Le roman de Jean-Paul Dubois[3] déjà cité nous en donne une bien amusante version. Après la mort de son frère, on voit le papa du héros s'emparer avec avidité de tout ce qu'il avait honni quand son frère en jouissait : argent, bateau, maison, et même… sa femme, soudainement intelligente et adorable ! Un reniement complet de ce qui fut si longtemps décrié. Nous en conclurons que ce malheureux critiquait ce qu'il convoitait.

Il est sage également de ne pas jouer à Toto le héros[4]. Toto est le « héros » d'un joli film à succès. Toto est persuadé, et le restera toute sa vie, qu'il est le fils de ses voisins et que le gamin Alfred lui a volé sa place dans cette riche famille. Il pleurera tant sur cette prétendue existence qu'on lui a ravie qu'il en oubliera de vivre la sienne. Vaines obsessions enfantines souvent entendues dans nos bureaux! «Comment puis-je être le fils de ces idiots…» proclame parfois l'ado en révolte? «Je viens d'ailleurs, de parents autres et merveilleux.» «J'ai été recueilli sur le parvis de l'église» ou «Je nageais dans mon couffin sur la Garonne!» Fantasmes à fuir. Voyez Toto vieillir et finir pitoyable pour comprendre définitivement que ces angoisses sont pathétiques et inutiles. On peut vraiment légitimer ici le familier «marcher à côté de ses pompes». Ou prendre ses désirs pour des réalités. Ou bien refuser de *se choisir*. Comme Toto, certains, honteux de leur sort pour des raisons diverses, s'inventent ou dissimulent tout ou partie de leur existence. Taisent une origine, une famille, un métier[5]. Pourquoi ces choix menteurs et trompeurs qui, à la longue, ne duperont personne? Notre identité a besoin de clarté et seuls les truands et les espions se jouent de ces multiples facettes et de leurs nombreux passeports. Le trucage des diplômes, les mensonges professionnels sont, paraît-il, légion. Ainsi, on devient autre, mais le risque d'être découvert peut enlever tout attrait et tout intérêt à la supercherie. On risque de s'y perdre, au mieux, de se chercher trop longtemps.

Tu sauras dire non…

Il semblerait que dire non soit inné, car si nous regardons les petits enfants, leur propension est très forte. Tête remuée de gauche à droite, petit doigt agité, corps qui se détourne. Parfois même, ce non est leur premier mot. Ensuite, notre système éducatif va leur faire ravaler très tôt ces négations insolentes! Il faut bien les éduquer à la communication et à la socialisation. Faire que nos petits consentent de temps en temps à nous obéir, sans colère ni grincements de dents, est un vrai défi.

Un des nôtres a gardé très longtemps l'habitude de dire non à une demande… tout en l'exécutant paisiblement. «Ah non! pas maintenant», clamait-il pendant que ses mains mettaient le couvert ou accomplissaient la tâche. Peut-être est-ce ainsi que se perd l'habitude ou l'envie de désobéir? Nous nous interrogeons tout de même sur l'opiniâtreté des tout-petits à nous contourner. Comptez le nombre d'interdictions que vous allez formuler à votre jeune enfant dans la même journée, pour le même objet ! « Non, on ne touche pas ! » Et l'enfant vous regarde de ses grands yeux innocents, retire à peine sa main et recommence illico. Quelques années après, nous voilà guéris et certains ont oublié ce qu'est la désobéissance.

Le NON est un choix qu'il faut exercer pour ne pas être mangés par les loups. « Je ne sais pas dire non », dit la mère de l'enfant trop gâté. « Je ne sais rien refuser à mon chef », dit l'employé trop inhibé. Il en va pourtant de sa propre résistance à la volonté de l'autre, bonne attitude pour ne pas se perdre et éviter d'avoir une mauvaise image de soi. « Je ne sais pas résister aux hommages masculins », voilà qui n'est pas un gage de bonheur amoureux ! Gare aux jeux des influences qui privent de liberté et qui, si elles ne vous transforment pas en moutons de Panurge, vous mettront à coup sûr sous dépendance. Sous dépendance comme le sont parfois les amitiés adolescentes ou enfantines qui perdurent, mais aussi les relations parents-grands enfants, ou les relations hiérarchiques.

... et sauras négocier

Négociation, composition, accord, harmonie... Oui, notre vie sociale veut que nous composions avec « l'Autre ». Ce qui veut dire *s'exprimer, se faufiler, persuader, convaincre, ruser* pour que nos choix puissent se couler sans heurts avec les choix des autres. Sauf à vouloir jouer les « Libre... mais seul... ».

Adhésion enfin parce qu'on va devoir aussi apprendre à se satisfaire de ses choix. Nous voici dans une situation paradoxale. Reconnaître à l'Autre le droit de faire ses choix, et continuer à conduire les siens. Comment faire pour que nos choix soient toujours acceptés ou ne gênent pas Autrui ? Comment ne pas perdre son originalité dans la « Panurgie » ?

« Vacances à la plage ou à la montagne cette année, mon chéri ? » Et voilà le couple embarqué dans des conciliabules sans fin. Plus grave question encore : un enfant, deux enfants ? « Point du tout, ma chérie… » Cris et tremblements !

On a vu que le marchandage entre amis commençait très tôt. Tout comme le choix, l'art du compromis s'apprend. Sur le tas. Il n'y a guère de professeur de compromis ! Parfois, votre mère va vous expliquer longuement « que vous devez écouter votre petit frère, car il a envie de votre camion bleu et qu'il faut que vous cédiez à cette envie ». Tout petit, vous ne comprenez rien à ce bavardage, à cette embrouille. Si c'est cela un compromis, vous n'en voulez pas. Jusqu'à ce que vous compreniez qu'il a un camion vert qui vous plaît beaucoup et qu'il pourrait vous le prêter en échange de votre camion bleu. Vous apprenez à négocier. Je te consens ceci contre cela. Ce sera votre premier contrat. Un bien pour un autre dans une solution qui contente les deux parties est un échange harmonieux.

Parfois, le bonheur des deux côtés est plus difficile à établir. Si votre fiancée n'aime que danser et si, par malchance, dans cet art vous êtes du genre pataud, serez-vous obligé de céder à ses vœux pour lui faire plaisir ? Lui faire plaisir… met en évidence votre bonne volonté et votre gentillesse. Pas si sûr que cette motivation soit celle que vous reteniez !

Il y a plus utile et plus stratège. Si vous ne consentez pas à l'accompagner, cette fort jolie fille risque de trouver un bon danseur et vous risquez de la perdre ! Pour éviter ces désagréments, vous êtes dans *l'obligation intéressée* de comprendre l'art du partage des goûts. L'accommodement ci-dessus balance entre votre désir et celui de l'autre, car la situation comporte toujours le même danger. « Si je ne lui donne pas ce plaisir, je vais la perdre, et je vais donc y perdre. » Allez donc vous inscrire au club de danse le plus près de chez vous.

Non, nous ne sommes en rien contradictoires avec nos précédentes propositions de liberté à tout prix ! Oui, votre choix numéro un (ne pas danser) devient numéro deux et passe à la trappe. Car le numéro un préfère votre fiancée. De deux maux, il a choisi le moindre. C'est une *adhésion consentie.* Il va en être ainsi tout au long de votre vie. Il est en effet très rare de tomber sur une armée de clones qui opinent à toutes nos envies. D'ailleurs, personne ne le souhaite vraiment. Nous entendons parfois les dégâts que causent ces adhésions faciles. Ces époux taxés d'être sans idées, sans personnalité ! Le « Si tu veux, chéri(e) » n'est pas si prisé ! Pas plus que le gentil « Comme tu veux, chéri(e) » des trop conciliants sans personnalité.

C'est vrai, nous ne savons jamais ce que nous voulons, mais cette manie crée de belles scènes de ménage au cinéma et dans le théâtre de boulevard ! C'est même pourquoi nous choisissons d'écrire ces pages.

L'ADHÉSION CONSENTIE

Pour être efficace et honnête, elle doit être réellement consentie. Non feinte et sans perversion. Comment ? Ce que nous disons est incompréhensible ? Une adhésion est toujours franche ?

Imaginons que Paul persuade sa fiancée, qui déteste ça, d'aller faire du camping. Deux possibilités s'offrent à elle. Elle peut faire taire son dégoût et faire semblant de s'amuser, ou, tout en y allant, gâcher la joie de ce pauvre Paul par mille réflexions insidieuses. Trop chaud, trop froid, le moustique pique… Les petites phrases assassines font certes des films d'humour, mais aussi des retours de vacances difficiles. Que celui qui ne l'a jamais…

Pour vaincre ces situations difficiles, il faut une bonne dose d'humour, quelque optimisme et de la dérision. De l'humour pour se moquer de ces moments où nous ne sommes pas à l'aise, de l'optimisme pour convenir que ce n'est justement qu'un mauvais moment, inscrit dans un certain temps, et de la dérision pour conclure que dans la vie, il y a plus important et pire que des vacances au Camping des flots bleus !

Plus important et pire se passeront encore moins bien. Imaginons que Paul propose à sa fiancée de passer toutes les vacances chez sa mère, ou bien sans lui mais avec son absolution et quelques copains ?

Bien, on peut aussi imaginer que Paul, coupable, sera capable de compenser ces désagréments par de « vraies » propositions : « Un jour chez ma mère, huit chez la tienne, est-ce correct ma chérie ? » Les spécialistes du commerce équitable l'ont bien compris, *le bon commerce est toujours gagnant-gagnant.*

LES CHOIX MANIPULÉS ?

On n'est pas dans ce registre-là quand l'Autre joue un jeu pervers. Cette vilaine situation est hélas possible. L'adhésion ne sera plus consentie, mais sous tutelle du prédateur qui aura mis ses serres sur vous. Prenez donc garde aux gentils séducteurs qui vous combleront d'abord de compliments pour mieux vous dépouiller ensuite. Les exemples n'ont pas manqué, encore très récemment. Nous avons en tête quelques chapitres du livre de la cinéaste française Catherine Breillat narrant comment Christophe Rocancourt, son amant de passage, l'a peu à peu dépouillée de ses biens… mais aussi de sa raison. Dans tous les cas, il s'agit de créer une dépendance affective chez la pauvre victime. Ensuite, il ne reste plus qu'à jouir de son pouvoir et de la torturer à son gré. Ni morale, ni reconnaissance de l'autre, voici les caractéristiques du pervers narcissique. Si vous le croisez… fuyez tout de suite avant qu'il ne vous rende cinglé. Vous n'avez aucune chance d'y échapper si vous le laissez poser un seul pied dans votre espace. Le livre de Marie-France Hirigoyen *Le harcèlement moral,* paru en 1998, qui traitait du harcèlement dans la vie professionnelle, est plus que jamais d'actualité. Les relations humaines deviennent plus difficiles en ces temps de chômage et de crise. Celui qui détient le pouvoir peut en jouer. Il s'attaque souvent aux plus faibles, qu'il peut humilier et martyriser sans que ceux-ci, effrayés par la punition ou la vengeance, ne réagissent. Les sectes et les gourous sont toujours à l'affût des personnalités fragilisées par des conditions de vie difficiles, souvent à la recherche de choix satisfaisants et d'estime de soi. Bien sûr, le « sauveur » se présente au départ comme une belle âme qui va leur permettre de trouver leur chemin. Il fera d'abord beaucoup de compliments à ses proies, les séduira, les fascinera, puis, petit à petit, les amènera à perdre tout recul et toute personnalité. Actes de soumission, hommages sexuels sont exigés, la liberté et le libre arbitre perdus. On a beaucoup entendu les familles de ces pauvres victimes raconter comment elles avaient vu leur enfant ou leurs proches devenir des paumés accros à la parole du maître, et combien il était difficile de leur faire prendre conscience de leur soumission.

Pire encore, nous sommes aussi manipulés à notre insu. La publicité et le marketing nous obligent, dans le supermarché, à tendre le bras vers le produit que l'on souhaite nous voir saisir. Mensonges encore, stimulations inconscientes des affiches et des slogans, tout nous pousse à consommer sans désir et, encore mieux, nous force à avoir de « faux désirs ». Une science nouvelle porte le curieux nom de « neuromarketing ». Attelage étonnant de la médecine et du commerce, elle est chargée d'étudier, grâce à l'imagerie médicale, les réactions de notre cerveau au passage de messages publicitaires. Notre mémoire est scrutée, mais aussi les zones émotionnelles qui sont responsables de l'achat irrationnel. Cela dans le but à peine dissimulé de stimuler ce que le jargon marketing nomme la « volonté de payer ». Les grands groupes n'avouent pas volontiers ces grandes manœuvres et la médecine s'excuse en affirmant que cette recherche peut en aider de plus sérieuses, en précisant que le petit bouton à déclencher pour nos achats intempestifs n'existe pas.

Par contre, les publicistes savent travailler nos désirs, les vrais et les suggérés. Que nous promettent ces leurres ? La jeunesse éternelle avec des crèmes et des onguents, les belles voitures qui donnent un statut, les parfums troublants, la nouvelle minceur, la nécessaire santé, les vacances. En quelques mots, toutes les promesses diaboliques issues de la nuit des temps : le luxe, la volupté, la beauté, le bonheur ! Seuls les produits efficaces à leur réalisation ont changé et se nomment aujourd'hui ordinateurs, crèmes, caviar, ou… « Mac Do ».

Leur seul mérite, outre de permettre une économie florissante, est de nous faire espérer des jours meilleurs, de nous leurrer consentants. La crème au prix exorbitant nous mettra en délicatesse avec notre banquier, mais quels délicieux moments nous passerons, pris en charge par des femmes divines qui nous en distilleront les bienfaits. Il faut voir les mines gourmandes de nos consœurs devant les étalages de parfumerie pour comprendre ce que sont le plaisir et l'espoir. Les pubs parfaites jouent sur la plénitude que procurera l'achat, le bonheur de sa promesse ! Nous voilà tentés, comme saint Antoine[6] dans son désert. Le jeu en vaut bien la chandelle, une minute d'inattention neuronale, une carte de crédit et nous ressemblons à… Kate Moss !

Plus pernicieux, car le travail se fait malgré nous, est *le message subliminal.* Ces clins d'œil fonctionnent au cours d'une pub imagée ou sonore. Ils font appel soit au syndrome de Pavlov, en associant des images, soit à un double message. Notre cerveau le perçoit, mais le traite à notre insu. Quelque chose est inscrit et nous allons l'employer. Les chercheurs en psychologie cognitive savent très bien voir, grâce aux merveilleux résultats que nous livrent les machines IRM, que le cerveau s'est activé et a bien perçu, au milieu du message publicitaire, les intrus destinés à le renforcer !

LES OCCASIONS RATÉES

Inutile de s'alarmer ou de se précipiter, des occasions ratées, il y en aura toujours. Je souhaitais profiter d'une offre spéciale pour partir en vacances. Le temps de me décider… elle n'y est plus et les hôtels sont complets. Il se peut alors que, dépité, je ne puisse plus continuer ma recherche et décide de me replier vers un ailleurs au même prix et aussi tentant ! Aujourd'hui, rien ne peut remplacer les musées d'Amsterdam alors qu'hier, je voulais aller à Prague. Un jour, un propriétaire de galerie d'art nous a confié, mais tous les commerciaux savent cela, que les gens étaient surtout attirés par les objets vendus et que, ma foi, il lui arrivait de tricher et de poser des gommettes rouges sur des toiles disponibles. Il expliquait ensuite à l'acquéreur éventuel que finalement, le présumé acheteur numéro un n'avait mis qu'une option et pourrait se dédire ! Parfois l'astuce marche.

Gardez-vous des regrets, ils n'aident pas. Vous aviez repéré sur le site immobilier un bel appartement… Certes il est vendu, mais il y en a tellement d'autres qui auront d'autres avantages ! *Renoncez à vouloir ce qui n'est pas disponible.*

L'ENTENTE RAISONNABLE ?

« Être obligé de faire des concessions pour prendre une décision rend les gens malheureux et indécis[7]. » Quand nous étions petites, en nous promenant, nous avons découvert une mignonne maison dont le nom, gravé sur une plaque blanche, n'a cessé de nous intriguer et est devenu une référence. Elle s'appelait « Sam' Suffit ».

Cette appellation nous a occupé l'esprit très longtemps. Ainsi, il y avait là le témoignage affiché d'une harmonie, d'une entente entre les propriétaires et leur maison. Elle n'était ni grande, ni petite, ni vilaine, ni belle, elle leur suffisait. En tout cas, c'est ce qu'ils déclaraient. Nous n'avons jamais su les raisons du choix de ce nom, ni qui habitait cette maison… Nous nous demandions simplement s'ils rêvaient de plus grand, d'ailleurs, ou s'il était vrai que ce choix leur convenait. On préférait les imaginer heureux. Les grincheux nous opposeront que le nom Sam' Suffit pouvait signifier que ses occupants n'avaient aucune ambition, ni aucune fantaisie ! Qu'il n'y a pas de raison de se satisfaire de ce que l'on possède. D'autres y verront une immense sagesse.

Plus tard, au détour de nos lectures, nous avons retrouvé, dans un livre fort sérieux[8], un monsieur Sam Suffit qui était devenu un exemple générique pour tous ceux qui savaient juguler les affres de la frustration. Ainsi, on nous dit que monsieur Sam Suffit se satisfait de ce qui est *assez bon*. L'éventualité d'un choix meilleur est « le cadet de ses soucis ». Tout bien considéré, « se satisfaire de ce qui est assez bon est la meilleure tactique lorsqu'on prend en compte tous les coûts (en temps, en argent et en angoisse) liés à la recherche d'informations sur toutes les options possibles ».

Nous voilà dans des considérations architecturales ou marchandes. Ce n'est pas pour rien, et nous ne sommes pas hors sujet. D'abord, parce que nous entretenons souvent avec nos maisons une véritable histoire d'amour, de raison et de choix, et qu'à ce titre, elles peuvent servir d'exemples. Ensuite, parce que nous éviterons désormais de parcourir la ville entière à la recherche de la robe idéale, et qu'enfin, le cas Sam Suffit est l'affirmation concrète de deux choix nécessaires qui peuvent convenir à tous les sujets.

Pour vous satisfaire enfin, lecteur impatient qui attend une suite au chapitre sur les choix qui comptent, abandonnons nos généralités et regardons si les analyses du choix en général sont aussi valables pour le choix amoureux. Nous sommes en présence d'une relation facilitée, puisqu'elle ne comporte généralement que deux personnages, mais à grand potentiel émotionnel. Nous retrouverons donc notre ami le compromis, sa fille, la négociation, et toutes les problématiques du lien. Sauter cette section serait une gravissime erreur.

LE COMPROMIS AMOUREUX

« Comment l'amour qui attache peut-il s'accommoder de la liberté qui sépare ? » Pour valider les dires de notre brillant philosophe Pascal Bruckner, nous avons posé quelques questions insidieuses autour de nous. Certes, l'échantillon ne conviendrait nullement à une étude sociologique, mais il nous donne une petite idée de la pensée de nos jeunes gens de moins de 30 ans prêts à tenter l'aventure amoureuse. Sont-ils conscients de ce paradoxe ? Oui et non. Plutôt consommateurs que penseurs, nos tourtereaux.

Le couple est apparemment toujours très prisé. À l'unanimité ou presque pour ces jeunes, et de façon étonnante, la vie à deux est souhaitée et son copain le mariage n'est pas fichu. Nos sondés ont compris qu'effectivement, un engagement est chose sérieuse, que ce soit un vrai mariage, un PACS[9] ou même une vie en concubinage. Vivre à deux reste un vrai bon choix. Il semble même que l'on s'y engage de très bonne humeur, sans penser aux lendemains qui déchantent, sans penser que le divorce ou la dispute peut advenir.

On ne va pas s'en plaindre. Cette position, à la fois naïve et optimiste nous enchante même. Quand il sera temps de résoudre les difficultés, ils les résoudront comme les autres générations ont résolu les leurs. *Toi et moi nous ne faisons qu'un,* est le principe des bons débuts, l'idée encore très vivace du prince charmant, de Roméo et Juliette avant leur mort. Ils sont bien rodés, car l'évolution et la permissivité des mœurs leur ont permis d'en débattre dès la maternelle. Tous les enfants de la maternelle ont maintenant un fiancé ou une fiancée, qu'ils présentent à leurs parents respectifs et qu'ils reçoivent pour leur anniversaire. C'est un bon début d'apprentissage.

Amour rime avec toujours

« Nous nous sommes choisis, accord des peaux et des âmes, et nous allons traverser la vie et vieillir ensemble. Nous désirons nous fondre l'un dans l'autre, n'avoir qu'une même conception des choses, qu'un seul avis, qu'un seul plaisir ! » « Ton image me manque et tout est dépeuplé », dit le vieux poète romantique, et nos contemporains s'efforcent de la retrouver à coups de textos, de SMS, de téléphone. Jamais nous n'avons été aussi solidement attachés ! D'où l'idée pas si fausse de n'être plus qu'un, ou plutôt un plus un… car leurs téléphones portables les relient.

On voit chez nos adolescents ressurgir des coutumes ancestrales d'échange de sang, à la vie à la mort. Certains le gravent sur leur peau. Les amoureux flamboyants aussi. « À Mimi pour la vie », entouré d'un cœur, pavoise parfois sur le bras gauche. Heureusement le corps est vaste, il peut s'y inscrire beaucoup de messages et donc de nombreuses amours. Nous vous conseillons de prêter attention à ce merveilleux héros du roman de John Irving[10] qui grave ses amours, femmes et partitions de musique, sur tout son corps devenu étendard. Un magnifique stratagème contre l'oubli.

En règle générale, le mariage et les grandes orgues deviennent quasi obligatoires après une période probatoire plus ou moins longue. Les raisons évoquées pour justifier ce goût sont peu construites. Pour faire plaisir à la famille, et quand on a (ou veut) des enfants… pour faire la fête avec les copains.

Nous avons applaudi, amusés, dans le chapitre précédent, l'angoisse préalable du pauvre héros du film *Pourquoi tu pleures*, mais le rêve de la « plus belle journée de ma vie » perdure et alimentera de beaux souvenirs, qu'il ne faudra pas déchirer bêtement quand le marié ou la mariée partira, après des années de bons et loyaux services.

Ne doutons pourtant pas de la sincérité des jeunes époux à ce moment-là. Ils s'aiment ! Ou alors cette union relève d'une forme de choix entravés et il faut vous rendre à une autre page (voir *Les choix manipulés ?* », p. 84).

Nous leur avons ensuite demandé de dire quelques mots sur les trois grands dangers qui peuvent menacer le couple. *Les réponses sont claires. L'infidélité, le besoin de liberté, et… l'argent sont pressentis comme facteurs de brouille.* Pour nous, il y en a bien d'autres… l'éducation des enfants, les relations avec la belle-famille, les copains envahissants, mais nous avons choisi de les écouter et d'en rester à l'essentiel.

La fidélité obligée

Elle est obligatoire, autrement c'est la porte ! On a même entendu : « Je le massacre ! » Cette absolue et innocente revendication ne nous étonne pas, surtout chez nos jeunes amies éprises du vertige de l'amour, de la sincérité et des belles promesses. Les garçons sont plus timorés dans leurs déclarations. Comprennent-ils mieux les règles floues de la promesse ? Souvenez-vous de vos premières amours et de vos premières déceptions. Votre chéri prêchait une fidélité ardente, sauf qu'un beau jour, vous êtes arrivée très tard dans une soirée où l'on ne vous attendait plus, et vous avez vu votre samaritain en train d'embrasser votre plus mauvaise amie ! Le corps est faible et la raison s'envole. « Paroles, paroles », dit la chanson… Si c'est pas du vécu !

Les plus virulents fidèles sont les mêmes qui se sépareront peut-être dans quelques années (si on en croit les statistiques) ! Oui, la vie efface sur le sable les pas des amants unis et les serments se dispersent au vent mauvais. Notons, au passage, que pour les hommes, tromper une fois de temps en temps n'est pas tromper... Juste un oubli.

La liberté en question

Le malaise surgit dès que la nécessité de liberté s'examine ! Personne ne songe à y renoncer sans la défendre un minimum, les réponses se font alors plus nuancées. Les amours fusionnelles s'oublieront-elles après les fameux trois ans, comme le prétendent quelques cyniques ?

« C'est mon droit d'exister » est le credo conçu dès l'enfance, développé avec fureur à l'adolescence. Ce choix du mot « droit » montre bien qu'il y a là quelque chose de légitime, de légal. Ainsi, j'ai le droit de me rendre à l'entraînement de foot ou aux dîners entre filles sans m'excuser, ni me répandre en explications.

Personne ne veut prendre en charge tout seul les tâches ménagères, la garde des enfants. Plus une seule idiote n'est prête à renoncer à sa vie professionnelle pour que son époux puisse mener la sienne au mieux. Celles d'une autre génération, qui l'ont accepté, s'en repentent encore : « J'ai abandonné mon métier pour le suivre au bout du monde, il m'a abandonnée dix ans après. » Nos prudentes filles d'aujourd'hui ont compris que la liberté est aussi un concept économique et que le bon choix est de garder l'œil ouvert, son travail et le compte en banque à son nom. « Notre » liberté est le plus souvent le résultat d'une dure conquête, la préserver est encore une autre conquête.

L'indépendance financière

Aujourd'hui, les filles pensent que ce qu'elles gagnent leur appartient. Dans les milieux aisés, quand nos mères ont commencé à travailler, leur salaire était un plus qu'elles consacraient aux menues babioles et aux extras. L'homme traditionnel contribuait à l'entretien de sa famille. La plupart du temps avec bonne grâce. Cette tradition a la vie dure, bien que de nouvelles pratiques voient le jour. Difficultés économiques et réalités obligent les hommes à revendiquer l'aide de leur compagne. Le chevalier servant et invitant disparaît. Parfois au profit du goujat. Le partage de l'argent du ménage fait occasionnellement débat, toujours au nom de ce choix de liberté.

Nos mères possédaient souvent le fameux carnet de chèques à leur nom et, décomplexées par cette liberté nouvelle, s'en servaient à loisir… pour les leurs ! Le couple partage désormais les comptes joints et l'amertume. Les mensonges et mesquineries s'amusent des sincérités. On triche sur la valeur de l'objet, sur l'argent du supermarché. On se débrouille pour camoufler ses désirs sous des utilités. Sous l'apparente simplicité de la gestion de l'argent du couple se dissimulent les nuages bas qui se rappelleront au bon souvenir des partenaires quand grondera l'orage de la séparation.

Pour les distraites qui auraient lu trop rapidement, nous répétons que la liberté économique est, en toute époque, un très bon choix de vie. Nous n'oublierons pas de le répéter à l'heure du bilan !

Le paradoxe est là, on veut bien du couple mais… les chiffres du divorce étalent leurs rondeurs sur notre petit couple. Comment, après l'avoir tellement désiré, en vient-on à le maltraiter, pour le quitter deux fois sur trois ?

Vous savez répondre. Déception et besoin de liberté. Déception parce que les fameuses frustrations de notre premier chapitre apparaissent comme insupportables. Liberté… oui bien sûr, à deux on est moins libre que tout seul ! Nous avons en permanence l'obligation de faire aller de concert nos possibilités d'adaptation et de compromis pour valider le beau *nom d'accommodement.*

Certains alors choisiront de préférer la fidélité à leur liberté, parce qu'ils en feront leur valeur essentielle, leur choix premier. D'autres, moins constants, la poseront un temps, s'en sépareront un autre temps, y reviendront, changeront de choix et de chemise.

« Accommodement est synonyme de concessions », professent les docteurs ès harmonie et la *vox populi*. Ceux-ci s'entendent pour aider les couples à s'entendre. Ils s'appellent parfois conseillers conjugaux, psychologues familiaux. Ils sont souvent l'étape avant le bureau du juge en séparation et s'emploient à régler le fameux paradoxe « liberté et attachement » dans la vraie vie, nous dit-on. La voix du peuple, elle, se contente de balancer les conseils conformes à la paix sociale.

Cette nécessité d'accommoder, de ménager la liberté de chacun n'est pas exclusive à l'histoire du couple. « Qu'un ami véritable est une douce chose ! », disaient Montaigne et La Fontaine. Femmes et hommes confondus peuvent, avec la même passion, vivre des amitiés profondes. Mon pote, mon vieux pote, mon amie d'enfance… le seul, la seule à qui je me confie ! Dont le conjoint ou la conjointe peut être jaloux ! Et l'est souvent. La première personne à éliminer pour commencer sereinement une idylle n'est-elle pas la meilleure amie… la bande de copains, façon équipe de rugby ? « C'est moi ou ta copine » rivalise avec « c'est moi ou la troisième mi-temps ! » Fidélité à la parole de l'ami, fidélité amoureuse, qui gagnera ?

Est-ce cette demande de fusion permanente qui lassera un jour, cette surveillance qui deviendra insupportable quand l'amour faiblira ? Alors apparaîtra le fameux « J'ai bien le droit de… », suivi de tous ses possibles : de m'amuser un peu, de retrouver mes copains, de partir en vacances sans toute la smala, d'avoir une petite aventure de temps en temps !

Paradoxe du lien trop fort que l'on a nourri et qui rend la vie insupportable. « J'étouffe sous cet amour-là, sous cette contingence-là. » Le magnifique, le royal amour s'est transformé en chien de garde. Il empêche de vivre, de grandir, de s'épanouir. Il est objet de haine et va rassembler tous les maux parce qu'il est restrictif. Le « t'es où » est devenu un sale flic.

Toute notre intelligence doit alors venir à la rescousse de ce pauvre amour un peu perdu pour l'aider à continuer envers et contre tout, ou pour l'assassiner sauvagement au nom encore de la liberté de choix.

La génération précédente restait dûment mariée, par obligation, dit-on, et non par fidélité, disent les grincheux. Oui, peu de femmes travaillaient, donc on peut concevoir qu'elles n'avaient pas intérêt à perdre leur sécurité financière, leur statut, pour aller s'aventurer en haute mer… que les hommes, fort libres dans cette configuration, entretenaient leurs danseuses et leurs cocottes sans vergogne ! Mais il n'est pas idiot non plus de penser qu'elles étaient moins gourmandes de liberté et plus soumises. Se contentant de peu, raisonnables ! Il se peut aussi qu'elles aient su résoudre mieux que nous, qui sommes impatientes et capricieuses, cette transformation de l'amour du premier jour en un tout autre amour fait de tendresse et de dignité. On chante bien la tendresse des vieux amants. Nous voulons y croire, même si ce sont paroles de poètes.

Saluons, émus, ces inséparables qui ne survivent pas à la mort de l'autre, 30, 40 années passées ensemble ! Bah, le temps passe si vite, ils ne l'ont pas vu passer.

Nos nouveaux modes de vie n'ont pas rendu les choses plus simples. Comme au supermarché : *plus de liberté ne facilite pas obligatoirement le choix.* Nous avons souvent relevé ici et là quelques nostalgiques du temps où les bébés se montraient sans autorisation ! On ne décidait pas d'arrêter la pilule, le bébé était un don du ciel, pardi ! « Ah, comme j'aimerais qu'il arrive sans me prévenir ! » Paradoxal encore, mais si confortable. Pas de choix, pas de tracas.

En bonnes psys cafteuses, nous dirons que les affres de l'infidélité ou les soucis de la fidélité donnent du contenu à nos séances de psychothérapie. Avec aplomb, nous dirons que ni le choix de la fidélité ni celui de l'infidélité ne donnent obligatoirement plaisir et bonheur. Pas plus que celui du célibat ou du mariage. C'est que la nature humaine est complexe ! L'une de nous assure en riant que sa patiente célibataire désire un compagnon et que celle qui est en couple veut s'en séparer. Les plaisantins, eux, considèrent que les époux fidèles s'ennuient, et que les infidèles ont des ulcères de culpabilité ! Même si nous croyons encore aux couples qui savent s'amuser sans une tierce personne, nul n'est pourtant à l'abri du lendemain infidèle, si une lassitude ou une rencontre (pour le coup imprévu) advient. Et dans notre vie exposée, elle ne manquera pas d'advenir, au moins sous la forme de la tentation démoniaque, cette rencontre-là !

Les lieux de tous les dangers se situent le plus souvent dans notre vie professionnelle. Le patron, le chef de service ? (Aïe ! Les mauvais exemples de ces perfides psys sont assommants.) La complicité dans la tâche à accomplir, les longues heures passées ensemble sont autant de liens, au point que certains prennent pour de l'amour ce qui n'est en fait qu'une proximité agréable. Votre mari est bien parti avec sa secrétaire, non ?

Désertions fréquentes et pathologiques pour la plupart. Rendez-vous aux pages suivantes pour y découvrir les spécialistes de la rupture raisonnable et leur pathologie.

Toujours questionnés, nos choix se reposent sans cesse. C'est leur renouvellement et notre constante adhésion qui en signent la fidélité. Il n'était pas rare autrefois de féliciter celui qui avait travaillé sa vie durant dans un même lieu et à la même tâche. Quelle assuétude, évidemment !

NOUS SOMMES LES CHOIX QUE NOUS AVONS FAITS

Le choix s'appuie sur des motifs qui ont la valeur que nous leur donnons… nous avons bien noté cela plus haut ! Si je décide que la fidélité citée plus haut est mon choix, je n'ai donc aucun état d'âme ? Pas si simple, nous parlions aussi de ces rencontres imprévisibles, de ces circonstances où toutes nos valeurs vraies ou supposées se dissolvent. Ce moment insupportable où il faudra encore choisir.

Voici notre exemple du moment et notre coup de cœur. C'est l'été, dans une campagne perdue, sur la route de Madison. L'homme est un baroudeur, on suppose que les femmes, beaucoup de femmes ont enrichi sa vie, il cherche des ponts à photographier. Elle est l'amour unique d'un fermier et la maman de deux jeunes ados. Elle est restée seule ce jour-là, exceptionnellement. Comme elle a bien fait ! Le choix était la foire au bétail ou cet homme attirant perdu au fin fond d'une campagne qui sent le fumier ! Sauf que cette rencontre, elle ne l'avait pas imaginée. Pas plus qu'elle n'avait prévu la suite. Ce coup de foudre magnifique et cette envie, deux jours après, de tout laisser pour suivre cet homme au bout du monde. Parce qu'elle n'avait jamais rien connu de tel !

Eh bien non ! Elle ne le suivra pas. Vous pleurez comme nous (allez relire la préface), car vous pensez qu'elle est idiote, qu'elle manque de courage, que si toute la vie qui suit se révèle un enfer, ce sera bien de sa faute. Vous avez tort. Avant de mourir, elle écrit à ses enfants qu'elle n'a jamais regretté cette décision, que sa vie ensuite a été illuminée par cet amour vécu et perdu.

Dans cette Amérique-là, on ne badinait pas avec l'infidélité. Dans le film, un bon exemple parallèle nous montre comment cette société très puritaine exclut la femme infidèle. Il y a aussi ce devoir et cette loyauté envers l'homme qui l'aime, et qui est le père de ses enfants… Peut-être encore la peur, et la prescience que tout amour est condamné à devenir ce qu'il est devenu dans son couple. Une entente sereine, alors que l'on souhaite tant que la passion dure !

« Tu ne comprends pas, personne ne comprend le choix d'une femme… Les enfants l'emportent toujours… Je veux t'aimer pour le reste de ma vie, si nous partons nous le perdrons… », dit Francesca. Nous le perdrons…

Elle n'a jamais regretté son choix, mais n'a jamais oublié l'homme. Ne pas vivre la suite de cette rencontre était le plus sûr moyen d'en garder toute l'essence. En préférant la rêver plutôt que de la vivre ? En somme, que serait devenu un grand amour entaché d'une vilaine culpabilité ou érodé inexorablement par le temps et le quotidien ? On apprend aussi que de son côté, il n'a rien oublié. Aïe, ce n'était donc pas une simple passade, une de ces amourettes de marin au port ?

Nous sommes les choix que nous avons faits. Ainsi pense notre héroïne, fidèle à ses deux amours, dans son infidélité même. Un mari qu'elle accompagnera jusqu'à la mort, un amant qu'elle chérira en secret toute sa vie. Sans remords ni regrets ? Il faut la croire.

Il y a de nombreuses variantes, que nous fournissent le cinéma, la littérature, et la vie même. Il y a ceux qui restent, ceux qui partent. Pour les mêmes motifs : *fidélité et engagement. À soi ou au respect pour l'autre ?*

Là est la grande différence que ceux qui partent ont tout de suite assimilée et dont ils vont user pour sauter le pas. Partir, c'est aussi choisir, respecter ce que l'on ressent. Ne pas mentir, ni à soi ni à l'autre. Ne pas faire durer ce qui ne leur ressemble pas sous prétexte de rester fidèles à un engagement qu'ils ne cautionnent plus. Ne pas faire semblant, même s'ils doivent blesser l'autre.

Nous parlions de fidélité inscrite dans le temps ? Ceci est une autre histoire qui méritera de longs chapitres.

ET NOUS, LES PSYS, QU'AURIONS-NOUS FAIT À LA PLACE DE FRANCESCA ?

On a l'habitude, par le truchement de la thérapie, de savoir ce que vos têtes brûlent de demander : a-t-elle bien fait ? Dois-je faire semblablement ?

Voilà qu'aujourd'hui, lecteur, vous vous trouvez dans ce questionnement douloureux. Vous voilà le cœur partagé entre votre première famille et une rencontre que vous nous dépeignez comme éblouissante. Vous allez nous dire que jamais, vous, sage et raisonnable, vous n'imaginiez vous retrouver dans cette situation. Jamais imaginé que cet homme (ou cette femme) rencontré(e) allait vous troubler au point que vous êtes maintenant prêt(e) à tout. À faire une bêtise, dites-vous ! Faire une bêtise, c'est-à-dire suivre cette étrange attraction qui vous jette dans les bras d'un(e) autre. Étrange parce qu'impérieuse et vous faisant aussi perdre les pédales.

Effectivement, nous ne sommes pas à votre place ni à celle de cette admirable Francesca, et vous savez ce que la vilaine rumeur dit des psys, qu'ils sont les champions du « peut-être ben qu'oui, peut-être ben que non ! » Il est vrai que nous sommes peu promptes à donner des conseils, mais très enthousiastes à l'idée de donner des pistes qui aident à réfléchir. Ce qui est la règle même et le travail d'une psychothérapie.

Si nous avions eu le privilège d'écouter notre héroïne lors d'un entretien sur la route entre Madison et Des Moines, nous aurions bien compris tous ses « empêchements » et les raisons du renoncement. Francesca est une bonne épouse et une bonne mère par conviction ou par conformisme. Cuisine, soins, écoute, elle est parfaite. Comme vous l'êtes certainement.

Petit bonheur, diront les moqueurs, entre la foire aux bestiaux à Des Moines et l'opéra sur un transistor ! Sécurité paisible et amour des siens n'ont pas de prix, diront les sages, car « il n'a pas mérité ça », ce mari si attentionné avec son air rustre. Il n'a pas démérité, pour le dire autrement. Il n'est pas drôle, mais il fait son travail de mari honnêtement et les enfants sont à cet âge difficile où ils ont besoin d'un foyer stable. Vous reconnaissez-vous ?

A-t-elle eu peur de ce vertigineux futur avec cet homme, dans des lieux inconnus ? Certainement. Le futur avec ce baroudeur jamais attaché à quiconque jusque-là a de quoi effrayer la paysanne de l'Iowa ! Les heureux qui ont vu le film se souviendront de leur première dispute. Francesca imaginait déjà d'autres femmes, dans d'autres lieux. Un destin de femme trompée ou oubliée ? Contenait-elle dès les premiers jours une demande de fidélité, d'exclusivité ? Une demande de fidélité qui aurait lassé l'idylle et brouillé la relation avec cet homme de vent ? Certainement aussi. Semblable à celle que Karen exige dans le non moins mythique *Out of Africa,* de Sydney Pollack ?

Puisque nous sommes dans la séquence souvenir, allons-y. Meryl Streep, alias Karen Blixen, est auprès de Robert Redford, alias Pincher. La soirée est douce, jusqu'au moment où Karen s'enquiert de ce qu'il fabrique quand il part tout seul en safari… Tout seul ou accompagné de jeunes et jolies filles.

Et c'est le drame, le définitif et inattendu : « Alors prenez vos affaires, et vivez ailleurs. » Il avait répondu d'un « Laissez-moi ma liberté et faites-moi confiance », mais n'avait rien promis. Elle avait envie d'être l'unique et de l'entendre dire ! Était-ce idiot de clore par orgueil ces moments de pur bonheur ? Attache-t-on les baroudeurs qui justifient leur amour par leur seule présence, ici et maintenant ?

On n'attache rien ni personne, mais on a le droit de les mettre à la porte si on ne supporte pas cette philosophie. Paradoxe encore. « Je te veux entièrement ou je ne te veux pas du tout. » Est-ce que ce sont les moments passés ensemble qui comptent, ou l'idée magnifiée et certifiée du couple et de sa durée ?

Ces deux exemples servent à illustrer que ces situations de rencontre sont comme des raz de marée. Cet amour tout neuf et irrésistible les cueille et les submerge. À cause même de son caractère passionné, il les oblige à demander des gages de certitudes et d'éternité que l'Autre ne veut ou ne peut donner. Il faut pour partir s'assurer que l'histoire qui va suivre soit une « vraie belle » histoire, car ils savent fort bien qu'il va y avoir de l'orage et de la casse autour d'elle. Que ces dégâts vont laisser des traces qu'ils devront assumer pleinement. Qu'il leur faut se projeter dans ce futur différent qu'ils appellent de toute leur âme avec précaution. Qu'il faut prendre du temps et réfléchir. Que tout est possible. Nous savons que l'on peut se remettre d'une tocade amoureuse, nous savons aussi que certains resteront à jamais dans cette rumination lancinante. « Si j'avais su », suivi d'un de ces deux contraires… « Je serais parti » ou « Je serais resté ». Ce sont ces remords qui vont empoisonner la vie qu'il faut surtout éviter.

Nous n'avons pas répondu à votre tourment et nous en avons bien conscience. C'est qu'il n'y a pas de bons choix, ou plutôt, votre choix sera bon ou mauvais, selon ce que vous en ferez !

COMMENT CHOISIR SON PRINCE ?

Après ces histoires d'amour magnifiques, il nous semble heureux d'aider toutes les jeunes filles en quête de prince. D'une part parce que cette année a vu le mariage de deux ou trois vrais princes de qualité (et que si elles ne se pressent pas, elles arriveront trop tard pour ceux qui restent), et d'autre part parce que cette année, riche en roturières, nous amène à concevoir que tout est possible et qu'il est donc utile de réfléchir à la stratégie adaptée. Si l'on en croit les journaux que nous lisons avec avidité, nous avons compris qu'il fallait s'y attaquer de très bonne heure. Et même, avoir une mère qui possède et peaufine ce désir pour vous, et avant vous. Ainsi, certaines très attentionnées inscrivent très tôt leurs filles dans une école bien fréquentée. Le prince ne va pas à l'école communale, ne loge pas dans une masure et ne se promène pas en citrouille. Donc, acte. Ensuite, elles les guident dans le choix des amis. Pas de Toto, mais des « Sir » à particule, qui approchent le prince de très près. Plutôt le jeu de polo que le jeu de l'oie, et plutôt le yacht dans les Caraïbes que la barque de pêche à Landerneau ! Beaux choix à tous les étages et fautes de goût interdites. Il est bon de se projeter dans un jeu de rôle, de connaître toutes les subtilités du Gotha, de bien porter le chapeau et les robes stylées. De regarder comment se comporte, en toute occasion, la reine d'Angleterre qui est une « *queen* zéro défaut » ! On voit qu'il faut une pugnacité exemplaire, une détermination qui est, de fait, un vrai travail de tous les instants. Non point le résultat de l'action de la bonne fée Fortuna. Pour vous en convaincre, lisez le récit de la jeune vie des deux dernières princesses élues. Une certaine Kate et une certaine Charlène, patientes et résolues toutes deux, paraît-il.

Faut-il les envier ? On ne sait, dit la journaliste pessimiste ! L'une ne mange plus, l'autre ne rêve que de s'échapper. Choix déjà regretté, alors qu'elles incarnent le rêve éveillé de millions d'autres, qui ont suivi avec béatitude le chemin qui mène à la félicité. Le parcours malheureux de la célèbre Lady Diana et de bien d'autres nous autorise à penser que les mêmes problèmes existentiels se posent. Que l'on soit puissant ou misérable, ce n'est pas tant le prince qui est difficile à trouver, mais notre place aux côtés du bon prince. Il est difficile de visiter 300 crèches par an en affichant un intérêt de circonstance.

Quant aux robes de soirée et aux chapeaux, ils vont et virevoltent avec les discours formatés de vieilles biques politiques. Votre futur ne sera pas roi… mais notaire ou commissaire ? Qu'importe, le choix ne sera pas aisé pour autant. Le travail ne sera pas aussi exigeant et ne nécessitera pas que vous appreniez, pendant une dizaine d'années, les bonnes façons de plonger une révérence, mais restera quand même un vrai boulot de réflexion. De Jules ou de Jim, quel sera l'élu ?

Premier conseil : apprendre à apprivoiser la solitude, ne pas chercher un prince pour la combler. Deuxième conseil : surtout ne pas tout attendre de ce mortel ! Ni la gloire, ni la fortune, ni le bonheur… qui ne viendront que de vos efforts. Pour la suite… nous verrons bien.

LE CHOIX MYTHIQUE

En l'an 2012, on ne peut oublier Meetic, la plus grande agence matrimoniale de tous les temps ! Et ses petites sœurs du Net. Quand nos claviers et leurs réseaux n'existaient pas, les célibataires en mal de compagnons allaient pousser la porte d'un bureau souvent chic et kitch et, dans une ambiance feutrée, feuilletaient le classeur des prétendants. Il n'était pas de bon ton que cela se sache. Il n'était pas de bon ton non plus d'être célibataire. Seuls quelques excentriques revendiquaient ce choix. Les autres allaient tête basse, persuadés d'être les laissés-pour-compte de l'amour. Et que dire de l'image de la vieille fille ? Personne n'en voulait. Une honte qui rejaillissait sur toute la famille. Les choses ont évolué, mais nous voyons apparaître des cinglés de la rencontre, les accros de la pêche au Net. Tous ne cherchent pas l'engagement, loin de là. Beaucoup s'amusent à rêver ou à fantasmer pour retrouver le fameux frisson de la transgression et de l'interdit. Beaucoup endossent l'habit de lumière et se transforment en princes et princesses. Beaucoup n'attendent qu'un bon coup (pardonnez notre vulgarité). On y ment effrontément sur tous les sujets. C'est si facile, devant son écran, d'écrire, avec ou sans fautes, que l'on est le plus beau et que l'âme sœur est attendue (pour la vie) et bla bla bla. Les consommateurs éclairés l'affirment. Dans ces révélations, rien n'est authentique. On ne peut les incriminer ! Quand on veut séduire, il faut se mettre en valeur. Il paraît que les photos sont truquées, le temps ralenti, car on oublie quelques anniversaires…

Et surtout, on s'écrit et on se téléphone à perdre haleine, car ce ne sont pas un, mais deux, mais trois, et même plusieurs possibles rencontres qui s'embarquent dans le même voyage. Le premier on le verra lundi, les autres en suivant. Le retour à la maison après la pause-café ou le restaurant est souvent décevant. Nos amies et patients ont de l'humour, donc ils vivent joyeusement ces rencontres préfabriquées. Nous avons derrière l'oreille une série de récits extrêmement drôles restitués après ces rencontres. C'est toujours excitant de partir plein d'espoir et rigolo de se retrouver non pas avec le prince, mais avec un pingre qui noffre pas le café et explique qu'il est pour l'égalité des sexes!

Que dire du *speed dating* qui n'ait déjà été dit? Tous les sociologues et les philosophes se sont penchés sur ces pratiques qui séduisent même les chasseurs de tête professionnels. Voilà *un choix qui ne s'embarrasse pas du temps.* Vous ne disposez que de dix minutes pour convaincre que vous êtes formidable. Nous parlions plus haut des choix intuitifs... Voilà une belle occasion de mettre en route votre sixième sens. Y croyons-nous? En réalité, il s'agit bien des mêmes ingrédients que le coup de foudre. Conscient et inconscient s'entremêlant pour vous amener au pari merveilleux: «Oui, c'est bien la bonne personne.» Après tout, où est le danger? Sauf à rencontrer un authentique fou, le risque est minime. Demain, vous ferez une autre rencontre. Pour la vie professionnelle, l'épreuve tient plus du jeu que des réelles compétences, qui ne peuvent pas se tester si rapidement. Certains aiment jouer.

Et puis certains gagnent. Au moment où nous écrivons ces lignes paraît sur un hebdomadaire un témoignage affirmant que «OUI, sur un site de rencontre, j'ai rencontré le grand amour!» Une *love story* qui nous amuserait plutôt: «Je n'oublierai jamais comme je l'ai attendu... J'étais morte de peur à l'idée qu'il puisse être moins beau, moins charmant que je l'avais imaginé!... Parfois, je frémis en repensant aux fameux critères que j'avais indiqués sur le site. Il aurait suffi d'un rien pour que Guillaume ne fasse pas partie de ma sélection puisqu'il mesure un centimètre de moins que les 1 m 78 demandés!»

Nos grands-mères disaient : « Pour un point, Martin perdit son âne. » Lecteurs avisés, mentez effrontément. Imaginez, pour un centimètre ne pas être sélectionné(e), quelle pitié ! Devez-vous, vous qui cherchez, vous inscrire ? Si vous avez beaucoup d'humour, ne vous en privez pas. Si vous êtes capable de vous remettre très vite de vos déceptions, allez-y. Nous vous conseillons même d'y aller avec sous le bras, signe de ralliement ou de reconnaissance, le livre de Dominique Baqué, une universitaire de talent qui, dans *E-Love*[11], conte ses propres tristes aventures. Elle dépeint ces jeux de masques où l'on se complaît. Si vous êtes d'un naturel optimiste, lisez plutôt le très réaliste livre d'Antonio Castillo *Les liaisons numériques*[12], un autre auteur spécialisé aussi dans les cyberrelations, et qui y voit la même chose que dans la vie réelle : le jeu de la séduction, avec nos frustrations, nos attentes et nos maladresses. Un terrain de jeu ou un terrain d'entraînement.

« MOI, MANUEL, J'AI UN COPAIN… »

« J'ai choisi d'aimer les hommes. C'est venu petit à petit. Ma mère, une forte femme affublée d'un mari inexistant qui est tout de même mon père, refusait toute présence féminine à la maison. Toutes des garces qui ne souhaitaient qu'emberlificoter son fils chéri. Par faiblesse et désespoir, mon père la trompait beaucoup ! L'idée venait de là, ces sales bêtes allaient aussi lui prendre son fils. Elle recevait par contre magnifiquement tous mes copains, qu'elle gâtait affectueusement. Ils s'installaient volontiers, les vacances, les dimanches… au moment où notre libido débordait. Le choix et la nécessité se confondirent. Il est facile d'expérimenter sa sexualité avec ce qui brille devant nos yeux, fût-ce un sexe d'homme. Le goût des hommes me vint ainsi tout naturellement, ma mère m'avait fait homosexuel pour ne pas avoir de rivale. »

Manuel est trop futé pour croire que sa décision a été si simple, mais sa version nous émeut. À la fois conditionné et acquiescé, ou tout au moins agréé, son choix s'est fait. Le plus drôle est que la fameuse mère s'est emportée et l'a banni quand elle a appris son homosexualité… « C'est un comble, elle détestait tous les jupons, voyait dans toute fille une sorcière à éliminer, et s'étonnait alors que je pense comme elle, en choisissant de remplir sa maison de garçons », continuait Manuel qui (nous étions ses amies) aimait la compagnie des filles à sa façon. Pensait-elle à ce qu'elle avait pu induire ? Que non. Manuel avait choisi d'être « comme ça » pour l'embêter, répétait-elle à qui voulait l'entendre. Elle n'employait pas le mot pour nommer la chose honteuse. Il était « comme ça ! » Le mauvais fils riait de cette inconscience !

Dans nos souvenirs, il y a une Patricia qui rêvait de se nommer Patrick. Elle nous a fait frémir et mesurer à quel point ce métier de psy nécessite une véritable disponibilité au discours de l'Autre. En fin d'adolescence, cette superbe jeune fille voulait que le chirurgien la fasse homme. C'est la mère qui est d'abord venue nous consulter pour chercher les raisons de ce choix qui la meurtrissait dans sa propre chair. Qu'avait-elle fait de travers, en éduquant son enfant, pour recevoir cette semonce ? Là encore, remarquons ce retour très judéo-chrétien à la notion de punition d'une divinité quelconque, mécontente de nos comportements. La notion de culpabilité n'est jamais loin pour expliquer l'inexplicable. À peine entendait-elle le mal-être de sa fille, qui ne supportait pas ce corps féminin, ces seins trop encombrants, ce « sexe béant », disait-elle, dont elle ne voulait plus.

Ce choix crucial ne rencontre en général qu'incompréhension et rejet. Nous sommes fréquemment interpellées pour les expliquer. Ou plus justement… car nous n'expliquons rien, nous tentons d'être les passeurs respectueux de la parole de nos consultants.

Le choix du chirurgien ? Vous demandez-vous en curieux… Pour avoir très longuement dialogué avec lui, nous pouvons témoigner qu'il n'a pas été facile. Sans rien trahir de la confidentialité nécessaire, nous l'avons vu regretter cette « demande d'amputation » qui heurtait même ses valeurs esthétiques ! Comment une jolie fille pouvait-elle demander qu'on lui ôte ce qui fait la beauté d'un corps de femme ? Comment « gâcher » ce que Dame Nature construit de plus beau ? Il nous semble qu'il est moins scandaleux pour l'opinion d'entendre la démarche inverse, qui pousserait un garçon à devenir femme. Ce qui tendrait à prouver la persistance de la représentation féminine liée à la beauté, à la grâce ! Nous ne sommes pas trop fâchées que l'image féminine soit de cette facture, mais ce sont encore des archaïsmes qui doivent évoluer et que les années futures devront souvent résoudre. L'angoisse de la décision n'est pas réservée à ces cas déstabilisants. Elle est dans tous les métiers à responsabilités.

Licencier son personnel ou opter pour telle ou telle orientation de gestion ou de gouvernance sont des décisions difficiles à prendre. Elles incombent à tous ceux dont les positions intellectuelles ou décisionnelles importent. Le choix politique de nos dirigeants a des répercussions sans égales. Rappelons-nous le triste « responsable mais pas coupable » d'une certaine ministre dans l'affaire du sang contaminé en France[13]...

On peut penser que de bonne foi, de mauvaises solutions peuvent être prises. Parce que l'on a manqué d'éléments pour réfléchir ? Parce que le choix était pipé par des considérations de bénéfices ou de profits inavouables ? La récente affaire du Mediator en est-elle l'exemple meurtrier[14] ?

Ceux-ci sont des choix extrêmes, mais comme la mère de Manuel, les parents conçoivent mal que leur fils ou leur fille fasse le choix de l'homosexualité ! Ils sont tolérants... pour les enfants des autres, ce qui est un petit progrès, mais pas pour les leurs ! Pour s'excuser, ils évoquent ces petits-enfants qu'ils n'auront pas, ou la société qui est moins tolérante qu'ils ne le seraient et qui fera payer cher cette excentricité. Quant à la communauté scientifique, elle est très partagée sur l'explication du phénomène et fait parfois surgir des combats d'arrière-garde. Le fameux gène de l'homosexualité ressort de son trou chez les tenants de l'inné très régulièrement. On voit ici les fausses certitudes que donnent ces soi-disant savants à une population crédule qui ne peut réfuter l'argument soi-disant incontournable. Sauf que, comme le gène du criminel, le gène homosexuel est introuvable et insaisissable !

Les *coming out* tardifs sont encore plus mal acceptés - nous y reviendrons -, car ils rentrent dans le chapitre de la grande rupture, celle qui vient avec la maturité, celle de l'audace qui brise et casse. Ce n'est pas la même chose que *ce premier choix qui, finalement, ne regarde que soi.*

LE CHOIX DU LIBERTINAGE

Ceux-ci ont fait un choix original, contraire aux bonnes règles de la bienséance et de la bonne morale. Quand nous disons bonne morale, nous ne nous érigeons pas en gardiennes du bon ordre, nous respectons leur choix s'il reste dans les pas de la loi.

Le mot « libertin » vient du latin *libertinus*, qui désigne le fils de l'esclave affranchi chez les Romains de l'Antiquité. À l'âge classique, le libertin est celui qui s'affranchit du poids de la norme sociale, et surtout de celui de l'Église toute-puissante. Véritable révolté contre le poids de ces interdits, le libertin veut jouir sans entrave et se fiche du châtiment final. Le Don Juan de Molière en est le magnifique exemple. Le dernier acte est significatif : « Repens-toi, pour ta vie de débauche, demande le commandeur. Sinon tu vas périr dans les flammes de l'enfer ! » Quand on ne croit pas au feu de l'enfer, quand on se moque de la loi de Dieu et que l'on défie la mort comme notre homme, on refuse… et on meurt fidèle à sa façon de vivre et de penser ! Libre libertin.

Aux XVIIe et XVIIIe siècles, ce mouvement construit ses revendications. Point d'attachement, point de mariage ni de contrainte, mais du plaisir ici et maintenant. L'amour fidèle est oublié, les amants papillonnent et jouent. Pendant ce temps, dans sa prison, le Marquis de Sade écrit ses plus belles pages et donnera son nom à une autre façon de jouer. Le libertinage peut être aussi ce jeu cruel où la femme conquise et un peu naïve devient une victime, comme Mme de Tourvel, l'héroïne malheureuse des *Liaisons dangereuses* de Laclos.

Toute la société n'est pas touchée. Même si l'ordre sexuel n'est pas non plus de règle dans le petit peuple, le libertinage est le fait des classes privilégiées. L'aristocratie désœuvrée poursuit l'expérimentation de la culture du plaisir en la parant de jolis préceptes philosophiques et artistiques. Dans les luxueux bordels où se déroulent les orgies, les arts sont sollicités pour entretenir un climat favorable. Les peintres (Boucher, Fragonard) et les décorateurs à la mode embellissent les boudoirs. Tout n'est que luxe, volupté et conquête.

Le libertinage est alors avant tout une résistance. La liberté sexuelle constitue une ligne de fuite, une machine de guerre contre la religion. Le procès et la mort sont parfois au bout du plaisir. Cesare Vanini, un des plus remarquables adeptes de cette philosophie hédoniste, en mourut.

Inutile de préciser que les libertins d'aujourd'hui n'ont plus grand-chose à voir avec les libertins du XVIIIe siècle ! Les dogmes de l'Église… ont fait « pschitt », et la libération des mœurs se poursuit, libérant le sexe d'une odeur de soufre ! Le mot est récupéré pour son étiquette raffinée, sophistiquée, et veut signifier une recherche du plaisir sexuel sans qu'elle soit taxée d'obscène ou de pornographique.

Ce choix de vie veut conjuguer couple et liberté sexuelle. Pour certains, le libertinage est même une solution pour rester « fidèle » à son couple. On peut penser que si l'amour ne dure que trois ans, le piment de relations sexuelles variées permet de supporter l'ennui de l'histoire unique. Le contrat de départ varie selon les cas. Tous ne fréquentent pas les boîtes échangistes de pratique libertine. Il y a les versions *hard* et les versions *soft,* chacun s'arrangeant avec les seuils à ne pas franchir, ses propres valeurs à préserver. Certains vivent leurs expériences dites libertines parallèlement à leur vie de couple, avec des liaisons sans investissement affectif.

Les couples « ouverts » durent, mais chacun des deux protagonistes peut entretenir une liaison en partageant le quotidien, l'éducation des enfants. La règle est de ne pas faire d'enfant hors du couple et de ne pas dissimuler. Ils sont attachés au mariage et reconnaissent la sécurité affective, culturelle et matérielle de l'engagement, mais considèrent que la fidélité n'est pas sexuelle, qu'elle consiste à protéger la personne qu'on a choisie. Reproduisent-ils le modèle bourgeois sécuritaire ? Une danseuse pour le plaisir, une épouse et une mère pour la respectabilité. Pour Patrick Wald Lasowski[15], le mot libertinage est détourné. Aujourd'hui, ce mot couvre la banalisation d'une infidélité consentie, d'une polygamie sexuelle instituée, car les véritables pratiques libertines ne sont pas si usitées. Parmi celles-ci, l'échangisme le plus évoqué ne concernerait que 1,7 % des femmes et 3,6 % des hommes, essentiellement entre 25 et 49 ans.

Nous sommes moins sûres de la réelle adhésion des femmes à ces pratiques. Elles sont souvent peu informées, ferment les yeux ou détournent maternellement leur regard pour garder leur partenaire malgré leurs petits jeux futiles. Politesse exquise ! Va jouer, mon petit, mais rentre à la maison.

Au moment où nous écrivons ces mots, une affaire de libertinage revendiquée fait, en France, les belles pages des journaux à sensation. Nous saisissons bien, dans leurs réactions, que nos compatriotes sont loin d'approuver ces attitudes qu'ils assimilent à un comportement immoral qui rabaisse l'image de la femme et transforme l'homme en mâle obsédé ! Mais qui peut prétendre détenir la vérité morale ? Si tous ces consommateurs de plaisir sont consentants, si l'argent ne vient pas pourrir le plaisir, ce sont des choix !

TOUJOURS UN CHOIX OU ENCORE LE PRODUIT D'UNE HISTOIRE ?

Du produit de l'histoire… à la pathologie, dit monsieur Freud, il n'y aurait parfois qu'un pas ! Pierre revendique son libertinage comme une philosophie de vie tirée de son passé et de ses expériences. En pension chez les Jésuites dès l'âge de sept ans, il découvre un monde d'hypocrisie et de pédophiles. De la révolte de l'enfant naît le refus de toute morale. Sa libido prégnante et la recherche de la mère manquante suffisent à le convaincre que le couple ne peut tout apporter. Il retrace l'époque d'une quête militante où le libertinage était de règle, dans les communautés hippies des années 1970. La sexualité de groupe, la bisexualité et toutes sortes d'expériences étaient vécues comme une libération... quasi politique. Ce prosélyte décrit le libertinage comme nos révoltés du XVIIe siècle... au-delà de la sexualité, comme un anarchisme, le refus d'un ordre moral et religieux qui emprisonne encore. Cet état d'esprit conduit à plus de tolérance, à moins d'homophobie. Un pas d'humaniste... S'il ne cache pas à son épouse qu'il peut faire des escapades, il préfère rester discret, d'autant que celle-ci est monogame et ne partage pas ses choix... mais s'y résigne.

Comme pour ceux qui trichent un peu, le risque de se brûler les doigts persiste. Si le couple peut être renforcé par ces pratiques, il peut aussi voler en éclats.

LE NOUVEAU LIBERTINAGE : DOUCEUR, TENDRESSE ET LIMITES...

Les amants libertins sont, de leur propre aveu, des amis, des camarades. Faire l'amour sans aimer, certes, mais avec tendresse et communication. Certains exercent le libertinage comme un altruisme. Ils font office de sexothérapeutes ou d'explorateurs.

Claudio aime le sexe de deux façons. *Hard* et animal dans des établissements spécialisés qu'il fréquente, mais il avoue rechercher aussi la tendresse, l'échange de câlins comme un doux séducteur. Ses amies sont des « petites ou grandes sœurs », qu'il perd de vue ou retrouve ponctuellement, lors d'occasions professionnelles, et avec qui il entretient souvent un rapport téléphonique régulier.

« OUBLIE-MOI ! » LE LIBERTIN ET L'OUBLI

Chantal Thomas l'écrit[16] : « L'oubliez-moi libertin rappelle à la souveraineté du moment... Oubliez-moi n'est pas une exigence tragique mais le simple rappel d'une clause implicite dans le contrat de la rencontre libertine. Il ne peut obtenir de réponse négative, sauf si l'on fait la faute de l'entendre dans un registre psychologique. C'est de la promesse d'oubli que dépend la possibilité de poursuivre le jeu, de l'interrompre pour le poursuivre avec un autre. »

L'oubli libertin, s'il est bien le contraire de l'oubli psychologique, n'est pas dénué d'intérêt. Il faut bien que la mémoire ne retienne que le moment de plaisir et non celle ou ceux qui l'ont donné. Leur identité, leur histoire s'effacent. Si nous étions triviales, nous dirions : « Qu'importe le flacon, pourvu qu'on ait l'ivresse » ! Cet avantage met à distance l'attachement classique à une personne et noie l'individualité. Don Juan l'avait bien compris. Il sent une odeur de femme, il ne sait si elle se nomme Elvire ou Zerline, elle est toutes les femmes. Un désir et un plaisir de femme ! Seul Leporello, le valet fidèle, tient le compte des conquêtes. Il reste dans ce formalisme terre à terre dont Don Juan s'est échappé. Mille trois pour l'un, une seule pour l'autre.

AH ! LE BONHEUR DE NE PAS DEVOIR CHOISIR !

Nos lecteurs, rompus à la lecture psy, ne seront pas étonnés par ce paragraphe. Ils savent depuis des lustres que le comportement humain n'a que faire de la logique ! Que les contradictions, les paradoxes, les ambivalences sont le miel de la pratique psychologique.

Entendez que parfois… on ne souhaite pas décider. Entendez encore que l'on souhaite que l'autre prenne la décision. C'est ainsi que mourut l'âne de Buridan. Cette métaphore attribuée à Jean Buridan, un philosophe français du XIVe siècle, nous prévient des risques encourus à hésiter entre le seau d'avoine et le seau d'eau. Ce pauvre animal ayant aussi faim que soif ne savait quel seau attaquer et en mourut. Incapable de choisir son picotin et ne connaissant personne pour le faire à sa place. Notre interprétation est ici très fantaisiste ! D'habitude, on emploie cette fable pour expliquer que le choix doit impérativement se faire, sous peine de mort, et Buridan n'a jamais parlé de la nécessaire intervention d'un tiers !

L'indécision, la nôtre bien sûr, peut être considérée comme une pause. Due à une baisse de moral ou à une envie gracieuse de se laisser aller dans les bras de l'autre, de se soumettre momentanément à son bon plaisir. « Toute la journée, j'ai dû me positionner, alors si ce soir tu peux me prendre en charge et décider de l'émission de télé, je serais content(e). » Cette attitude permet l'économie d'une décision supplémentaire coûteuse, et si votre charmant partenaire choisit la Coupe du monde de foot, vous y gagnerez quelques heures de sommeil apaisantes devant la télé, mais dans ses bras.

Il se peut que cette reddition amicale ou amoureuse soit bien comprise et tolérée. Il se peut qu'il entende : « Il me plaît de te laisser le choix du restaurant... ou je m'en remets à toi pour me donner du plaisir ! » S'il est fréquent, il se peut que l'état flottant agace l'ami. Choisir vous fatigue, mais le « comme tu veux » le fatigue. Avant de vous brouiller et d'entendre qu'il en a assez de décider tout seul, il est temps de penser à l'alternance.

GARE À LA DÉCEPTION… OU L'HISTOIRE DU PETIT CADEAU !

Nous avons déjà noté dans le premier paragraphe à quel point il est difficile de vivre la frustration qui suit un désir inabouti et à quel point elle rejoignait ou se confondait avec un manque d'amour. Le cadeau est l'occasion de mettre frustration et amour à l'épreuve. Le postulat étant : « Si tu m'aimes, tu dois savoir comment me combler et ce qui me fait plaisir. » Tâche souvent difficile, car il faut avoir déployé des oreilles attentives... et connaître parfaitement ce qu'est le désir... de l'Autre et non le vôtre !

« Pour ma fête, je voudrais un bijou ou un voyage aux Caraïbes. » Les deux idées ont pu être émises à des moments différents. Qu'est-ce que l'aimé choisira d'offrir ? Nous rions en pensant au désarroi de nos amis masculins. À la dernière minute, les voici soudain pendus à notre téléphone, à la recherche de l'idée qui ferait plaisir à leurs chéries ! « Crois-tu que le parfum machin ou la robe untel lui plaira ? »

« Il est 17 heures et les magasins vont fermer », répondons-nous, agacées, songeant qu'il aurait pu y penser avant, car si le magasin est en « rupture de stock », la chérie aura droit à un bon pour un massage ou un parfum à la parfumerie du coin, ou à la robe dessinée sur un carton.

Et si vous énonciez votre vrai souhait dès que la date s'annonce ? C'est notre sage recommandation du jour. À haute et intelligible voix. Écrivez-le sur le tableau de la cuisine, sur la liste des courses, hurlez-le aux enfants. L'aimé saura alors où aller… chez le bijoutier ou sur voyagespaschers.com. Les chances de se tromper sont alors minorées. Relativement minorées, il reste des chausse-trapes. Il y a tellement de bijoux et tellement de destinations de voyage !

Par contre, imaginons l'angoissante réponse à l'angoissante question « Que veux-tu pour ton anniversaire ? » : « Ce que tu veux », et analysons-la.

Dire « Ce que tu veux » est pernicieux, car ce n'est pas tout à fait ce que vous voulez qu'il faut vous offrir, mais ce qui va vous faire plaisir ! Ceci suppose que vous ne voulez pas afficher vos désirs. Jeu de dupe – vous n'osez pas ou vous souhaitez que l'on vous surprenne –, mais jeu à risque.

Si on regarde les listes de cadeaux revendus sur Internet au lendemain de Noël, on se demande si le « ce que tu veux » ne devrait pas disparaître à jamais de nos tablettes ! Heureusement, les commerçants l'ont compris en proposant le chèque cadeau pour régler le problème du « ce que tu veux ». Le processus existait déjà pour les grandes causes. La liste de mariage est toujours d'actualité et se résume en fait à une somme d'argent à distribuer selon ses goûts. Il existe maintenant la liste de naissance, la liste d'anniversaire et la célèbre liste au père Noël. C'est peu poétique, mais cela évite le choix aléatoire qui, dès réception, sera qualifié de nul et revendu à perte sur Internet. (Mamie le saura et le verra, car elle va aussi revendre sur le même site la cafetière nulle que ses enfants lui ont offerte, alors qu'elle veut aller plonger aux Maldives !) Gare encore aux avares et aux indélicats, ils seront débusqués. Une de nos amies a rompu une histoire d'amour « convenable » (hum quel qualificatif emballant !), par ailleurs, parce que l'amant lui offrait des échantillons de parfum et des objets personnels qui ne lui convenaient plus. « Finalement, ce tableau chez moi ne va pas, je te l'offre pour Noël. » Le tableau et l'ami sont un jour repartis chez eux ! Si vous voulez conserver vos amis, ne recyclez pas les cadeaux délaissés.

Ces choix malheureux sont graves, car ils sont vécus comme un manque de respect ou une marque de désintérêt. Cette sévère interprétation n'est pas tout à fait fausse, juste un peu égocentrique. Nous peinons à exprimer nos vrais désirs, alors comment imaginer que l'on peut connaître ceux de notre entourage ? Certaines attentions tombent souvent à côté du désir de celui que l'on veut combler ! Inattention, maladresse… Choix personnel en inadéquation avec le choix de l'Autre ? L'affaire est compliquée. Combien de parents se plaignent de ne jamais pouvoir contenter leurs enfants ? Combien d'enfants jugent de l'amour de leurs parents aux cadeaux prodigués ?

Et si tout ce monde-là communiquait ? Le non-dit est toujours cause de troubles idiots.

CHAPITRE 4

J'y suis, j'y reste… mais je triche un peu…

Dans ce chapitre, il s'agit bien de ne pas bouger. Du choix de rester sans aucune hésitation dans une situation donnée, tout en cherchant des biais… pour compenser !

Si je parviens à supporter la situation avec son lot de frustrations (et d'avantages), c'est parce que je déploie des stratégies pour oublier ce que je n'ai pas et qui me manque. Un vrai choix, car je sais par expérience que c'est ce qui me va le mieux. Parce que… c'est moi et c'est à moi que va ce *modus vivendi,* pas forcément à mon voisin !

MOI, je suis ainsi : je veux tout et… le reste ! Peut-être vous souvenez-vous de cette publicité sur les chaînes de télévision françaises qui scandait, il y a déjà quelques décennies : « Je veux tout/les bons petits plats/et le ventre plat/la la la. » Pourquoi choisir quand on peut avoir les deux, quand on peut avoir les trois ? Nous vous entendons : « Et alors, après tout ce que vous nous avez rabâché sur la nécessaire frustration, le renoncement et l'apprentissage de cette résignation consentie… C'est le contraire du choix honnête, cette attitude… » Eh bien pourtant, c'est un choix !

LES ACCROS À L'ADRÉNALINE OU LE FRISSON DE LA TRANSGRESSION

Ceux qui disent : « J'y suis… mais je triche un peu » vont essayer de vivre ailleurs, en douce, ce que le quotidien ne leur donne pas ou ne leur donne plus : le frisson ! Celui de la nouveauté ou celui du risque. Tout ce qui fait que l'on sort de la routine, que l'on se sent exister plus ! Cela, en conservant ce qui fait leurs bases, leur sécurité. Il s'agit de mettre de la pulsion de vie, de l'éros, pour lutter contre l'ennui… Cet ennui dont on dit qu'il est mortel, qu'il nous fait flirter avec la mort.

Comment ? Par la transgression. C'est pourquoi nous les qualifions sans méchanceté de tricheurs ! Ils gardent la sécurité, mais transgressent ses lois. Ce sont des insatisfaits qui améliorent l'ordinaire dans le secret et la filouterie.

Le truand, le voleur, le braqueur, le joueur professionnel le savent : ce qui les *anime c'est le goût du risque et de l'interdit,* parce que ces derniers déclenchent cette tempête physiologique qui les met sens dessus dessous. Tellement que lorsqu'ils y ont goûté une fois ils y repiquent ! Nous ne parlerons pas du grand bandit, seulement du petit qui prend son *shoot* de temps en temps. Nous parlons du petit tricheur, du petit truand… du quotidien… du voleur d'instants, dans la pulsion et l'immédiateté.

S'il y a des amoureux du risque, c'est qu'effectivement celui-ci génère le frisson. Et celui-ci suit immédiatement la transgression. Transgression des règles morales, des lois, des limites du corps, des limites spatiotemporelles. Chacun, dirons-nous, a son idée du risque. Pour certains, il y a risque à traverser hors du passage clouté, pour d'autres, cette conduite habituelle sert à gagner du temps. Chez l'adolescent, la conduite à risque est un jeu avec ou contre la mort, comme chez notre Don Juan. Ils jouent avec eux-mêmes, testent leurs limites. Puis il y a ceux qui trichent vis-à-vis des autres, de la société ou de la position qu'ils y occupent : employé, dirigeant, époux, épouse. Encore une fois, nous ne portons pas de jugement moral. Nous interrogeons leur choix psychologique.

Celui qui nous occupe ne va pas prendre d'assaut la grande banque du coin, il va plutôt se rendre en secret au guichet de son agence pour piller le compte en banque de son époux ou de son épouse. « Je fais des virements de ton compte sur mon compte en rémunération de la sagesse de l'épouse exemplaire que je suis, ou en compensation de la frustration que j'endure pour les voyages que tu refuses de faire, pour cette maîtresse que tu as eue et entretenue... » Parce que, parce que, parce que... les petits motifs de vengeance ne manquent pas ! Certains y verront un rééquilibrage... avec toujours (ré)jouissance à la clé. Ainsi, une de nos amies nous avait bien diverties en nous contant comment elle se vengeait des infidélités de son digne époux. Lequel, grand voyageur et grand seigneur, ramenait des notes de frais considérables. Il les justifiait sans faille, mais notre amie voyait ou voulait voir dans ses relevés de carte de crédit un escadron de jolies femmes plutôt que les sévères associés qu'il était censé remercier. Elle se récompensait donc régulièrement de sommes équivalentes, persuadée de rattraper ainsi l'argent du ménage qui lui était dû et qu'il détournait lors de ces fêtes dont elle était exclue. Il faut bien se donner des raisons... raisonnables ! Nous avons souvent entendu le récit de petites tricheries ordinaires. Le propos est souvent de dissimuler au mari tatillon le prix de la robe en solde : « Je paie une partie avec la carte de crédit et l'autre partie avec la caisse commune des achats du supermarché. » Ni vu ni connu, je t'embrouille ! Quand nous étions petites filles nous faisions de même.

Il y a aussi le petit passeur de produits interdits, celui qui achète ses cigarettes au coin de la rue, qui fait pousser du cannabis dans son placard bien éclairé... Ces « petites » transgressions-là ont le droit de cité ici, mais causent certainement de bons ulcères d'estomac à ceux qui les pratiquent, et surtout de bons casse-têtes. Tricher demande certains talents. Une bonne connaissance du dossier, dirons-nous, et des mises en place de stratégie d'exécution et de repli.

LE GOÛT DU SECRET POUR TOUS LES TRICHEURS, TRUANDS, VOLEURS ET CONJOINTS ADULTÉRINS

Beaucoup de ces conduites transgressives contraires à la bonne morale « condamnent » au secret, ce qui ne manque pas d'augmenter la sudation et de faire monter l'adrénaline d'un cran, et donc d'accroître le plaisir. Il s'agit toujours de faire un coup, un bon coup ! En douce. Toutes ces précautions pour rester caché, pour ne pas dire, ne pas révéler, ne pas être révélé… conduisent à construire un personnage quasi mystérieux, voire insaisissable et introuvable, pour ce qui est de la petite truanderie.

Ainsi, grands et petits se régalent de cachettes et de dissimulations le plus souvent sans grand intérêt. Ils cachent le journal intime, la tirelire, les économies, mentent sur la destination de leurs sorties, le nom de leurs amis. Le tout avec soin, qu'il s'agisse de choses importantes ou insignifiantes. Comme si la vie était un roman ou une page blanche à illustrer pour ne pas tomber dans la morosité du quotidien. Ils ont souvent des comportements d'amateurs de rites et de sociétés secrètes.

C'est surtout, encore et toujours, ce frisson, hum… de la transgression qui fait qu'ils se sentent vivants… car *cachés*. Ces amateurs de secrets aiment les cols relevés et les lunettes noires, comme dans les polars. De vrais « chats » de gouttière… qui se faufilent, en tirent jouissance et y croient.

« Je ne vois pas pourquoi notre relation serait découverte, nous sommes cachés et je suis un chat ! », disait un amant suffisant à sa maîtresse, qui s'inquiétait à juste titre de leurs allées et venues sous les fenêtres curieuses des voisins. Le plaisir débutait avant les jeux érotiques. « Je vais m'échapper par la porte de service, me faufiler comme un voleur dans le hall… débrancher le téléphone, me fondre dans l'anonymat. Pendant une heure ou deux je n'existe plus tel que mes proches me connaissent. Je suis un amant de passage. » Il est amusant de relever que la plupart du temps, pour les enfants comme pour les adultes, le secret est de polichinelle ! Les fameuses fenêtres des voisins dissimulent les curieux, réjouis de percer l'événement, et il y a fort à parier que l'amant suivi de sa donzelle ne passeront pas longtemps inaperçus. Le voyeur ressentant souvent le même plaisir que les dissimulateurs. Ah, ah ! La dame du troisième se livre à des petites infractions conjugales… Quel bonheur de continuer à suivre l'intrigue. Par personne interposée, on va aussi vivre une transgression sans péril pour soi.

Dans notre enfance, on prend l'habitude des silences de protection face au parent inquisiteur, pour protéger son intimité, on ne dit rien pour éviter les reproches. On apprend à déjouer les surveillants trop zélés ou à pervertir la consigne trop stricte. On apprend à ruser pour détourner la loi. Ou bien pour protéger sa différence face à la société inquisitrice ou désapprobatrice.

Le dosage entre mensonge et vérité est une équation difficile à établir. Il se peut que les pépins accumulés autour des mensonges de l'enfance briment le goût naturel pour le secret. «J'ai horreur de tes mensonges», hurlent les parents en chœur. Nous sommes les seuls, Ô psys dévergondés, à en reconnaître l'utilité, voire la nécessité. Ils aident à grandir car ils demandent ce face à face très personnel, très solitaire devant celui qui nous veut transparent. «Je n'ai pas de compte à te rendre» et «c'est mon affaire» sont des phrases qui supposent un bon culot et une forte assurance. Sortir le soir sans le dire, en escaladant la fenêtre, risquer toutes sortes de dangers sans se faire prendre est très jouissif. Nous confirmons cette superbe jouissance pour l'avoir tant de fois ressentie lors de nos escapades de jeunesse.

Arrive pourtant le moment où il faut cesser, parce qu'il faut assumer ses actes et devenir raisonnable, disent les moralistes et teneurs de la vérité à tout prix. Ce n'est pas sans regret que l'on va essayer de vivre plus loyalement. Nous convenons (enfin) que cette démarche est indispensable, car vivre auprès de menteurs patentés est épuisant. La transparence totale reste pourtant un vœu pieux et n'est pas non plus la panacée.

Pour les amants d'un jour, par exemple, le secret est encore la règle. Vous n'allez pas raconter à vos amis toutes les petites frasques que vous vous accordez la nuit venue. Vous ne parlerez pas non plus de vos tricheries, car vous seriez mal jugé. Vous continuerez à maintenir ce que l'on nomme pudiquement «le jardin secret». À vous d'en fixer la limite. Certaines confidences se paient au prix fort.

L'aveu de son homosexualité, par exemple, reste souvent impossible dans le milieu professionnel, même si ce genre de dissimulation génère de graves angoisses et dépersonnalise.

LES « DOUBLEURS », ROUERIES ET FOURBERIES

Mais continuons à nous intéresser à ces transgressifs, et plus particulièrement à ces clandestins, à ces agents secrets. Nous avons compris qu'ils adorent sentir le cœur qui bat la chamade en douce. Ils veulent surtout vivre quelque chose d'autre. À côté ou en plus. Avoir plusieurs vies. Alors ils se « doublent » ou se dédoublent ! Parfois même, ils se triplent.

Ce sont ces hommes ou ces femmes, fonctionnaires à La Poste la journée, par exemple, qui le soir sont transformistes dans un spectacle brûlant en bas résilles et faux cils. « J'habite seul avec Maman », dit la célèbre chanson de Charles Aznavour[1], mais le soir…

Rappelons encore cette histoire incroyable où pendant dix ans Jean-Claude Romand a pu abuser toute sa famille en laissant croire qu'il était médecin à l'OMS. Faux médecin sans diplôme et sans salaire, mais qui tous les matins passait en saluant le concierge pour s'installer dans la bibliothèque. Il en perdit le nord et quand il fut sur le point d'être découvert, devint un criminel.

Internet est devenu une banque à faux diplômes et les falsificateurs de papiers y sont légion. Faux diplômes, faux certificats de travail, fausses écoles, fausses recommandations, mais… excellent photocopieur sont les supports de leurs tricheries.

Au travail, ils sont souvent roués, cajolent le chef de service et jouent de l'emploi du temps. Ils sont là quand il faut, absents quand il faut. Stratèges, ils ne laissent rien au hasard…

Il y a ceux qui se défilent pendant les heures de travail, qui dorment dans leur bureau, qui vivent sur Internet. « Mon corps est là mais le reste est ailleurs et parfois mon corps est aussi ailleurs, mais j'suis là, chef, je vous jure ! » Il y a de ces anguilles insaisissables et de ces dormeurs… profonds. Si les cloisons tombaient, on serait surpris de voir l'envers du décor.

Nous connaissions un petit tricheur qui travaillait à mi-temps en grand secret ! C'était, il est vrai, un fameux fabulateur. Oh ! il ne faisait rien de mal. Il adorait aller au cinéma en matinée. C'était, disait-il, une pure jouissance que ce temps volé à l'employeur et à sa propre famille. Tout cela pour dire que ces tricheries ne sont pas toutes de même envergure. Il y a les petits et les grands joueurs : là c'est encore affaire de choix et d'accommodements !

Ces tricheurs trichent sans regret... Sans culpabilité ? C'est moins sûr. Cette culpabilité ne tue point mais peut créer quelques troubles, quelques somatisations, quelques hallucinations et, nous le disions, de bons ulcères d'estomac à force de se dire : « Quand vais-je être découvert ? » ; « Ces tricheries sont-elles vraiment préférables à une vie de morne habitude ? »

À DÉCOUVERT

Paradoxalement, leur côté filou et dégourdi amuse leurs spectateurs. On les envie d'oser se débiner ou de vivre intensément. Tout au plus, si cela n'est pas trop grave, nos tricheurs alimenteront les ragots : « Tu sais, il paraît qu'on l'a vu se promener alors qu'il est en congé de maladie. » Si l'on refuse de donner des leçons de morale et si l'on considère que c'est leur choix, que la punition peut tomber et qu'il faudra à ce moment-là l'accepter, nous ne pouvons que conclure : « *Mais quel toupet* ! Quel culot... »

Y a-t-il vraiment des gens qui font toujours ce qu'il faut ? Accommodements, tricheries sont bien humains... La résistance s'organise et la vie suit son cours.

CHAPITRE 5

J'y suis, j'y reste et je tremble

En France, dans notre beau Massif central, il y a ce qu'on appelle des sources pétrifiantes. C'est un terroir montagneux volcanique dont le sous-sol regorge de grottes sulfureuses et de sources chaudes. Certaines sont chargées d'un calcaire qui laisse un dépôt blanc et scintillant comme l'albâtre. On les fait à dessein couler des années sur des objets et des animaux naturalisés, qui vont se recouvrir d'une couche de pierre brillante d'un blanc pur. Ils seront pétrifiés.

On a le sentiment que pour certains êtres humains, la même chose se produit. Le temps les a immobilisés, ils sont eux aussi recouverts d'une fine pellicule protectrice. Leur cri de ralliement est: « J'y suis, j'y reste parce que j'ai peur. »

LES PÉTRIFIÉS

Un environnement anxiogène, une famille peu structurante, un milieu instable ou des parents impitoyables ou très anxieux eux-mêmes peuvent provoquer chez le petit une bonne couche de sédiments d'angoisse. Inutile de préciser que ceux-ci ne feront pas le choix de la transgression. Nous parlions plus tôt de tous les traumas que pouvaient provoquer des punitions reçues après des fautes commises ! Elles donnent un sérieux goût de « Je ne le referai pas, je serai sage ».

Vous connaissez sans doute ces fanatiques de l'habitude et des rituels qui ne souffrent pas qu'un grain de sable vienne se glisser dans le rouage huilé depuis des années. Ils mettront la veille les bols du petit-déjeuner sur la table, sortiront le beurre pour qu'il ramollisse, déposeront le café moulu dans la cafetière programmée pour 6 heures tapantes. À 6 h 20, ils seront sous la douche, à 7 heures, ils se tiendront devant l'arrêt du bus. Ils ne feront jamais d'écart sur le chemin du retour vers la maison.

Faire un pas de côté serait risquer l'inconnu, l'imprévu, autant dire le drame. Aucune idée d'originalité ne leur passe par la tête, ou si elle passe… ils l'écartent au plus vite, cela bouleverserait trop leur emploi du temps et leurs habitudes. Surtout pas de fantaisie, ils n'en sont pas amateurs.

Ils entretiennent bien souvent avec le temps un rapport particulier. Leur quotidien est chronométré. C'est ainsi qu'avancent les immobiles. Afin de ne rien laisser au hasard, ils s'accrochent aux aiguilles de l'horloge. Ils mangent, dorment, boivent toujours à la même heure. Et quand ils partent en balade, ils apportent leur cher chronomètre avec eux. Pas de détour, on a vu !

L'immobile a bien souvent organisé sa vie de façon pratique, sans complications. Plus simplement… il n'aime pas les emmerdements et dès lors, si d'aventure vous en êtes un, il vous lâchera la main. Les immobiles craignent moins l'ennui qu'ils ne redoutent les ennuis. Les immobiles sont gouvernés par la raison et la peur. Le devoir et la frousse.

Alors évidemment, tous ces gens qui bougent autour leur paraissent exotiques ou fous ! Eux vont en vacances au même endroit depuis des lustres, louent toujours le même hôtel à Hammamet ou le même emplacement au Camping des flots… bleus. Pas de nouveauté et surtout pas de risque ! Ils sont aux antipodes de nos tricheurs. Si ce sont de vrais, d'authentiques immobiles, ils auront choisi un partenaire de vie du même acabit. Quand un immobile rencontre un homme ou une femme épris de liberté, il est rare en effet, qu'ils s'entendent.

« C'est vrai, disait Gérald, quand un de ses amis lui racontait ses problèmes, moi je n'ai pas tes emmerdements… » Il répétait à qui voulait l'entendre : « Oui, mais lui a quitté son emploi pendant des années pour vivre de sa plume, l'inconscient ! Aujourd'hui, il est de retour dans l'entreprise, mais il a perdu des années de cotisation pour la retraite. C'est bien de sa faute s'il en souffre aujourd'hui! »

Eh oui, cet incorrigible passionné de l'écriture et des droits d'auteur n'avait pas souscrit à cette fameuse retraite. Ce grand amateur de littérature avait mal assimilé la fable du grand La Fontaine. Une cigale ayant chanté les soirs d'été ne pouvait prétendre à la paix que Gérald le sécuritaire connaissait, après tant d'années de sagesse et de raison. Sûr que lui n'était pas de ceux qui auraient brûlé leurs meubles pour écrire!

Les immobiles ne pensent guère non plus qu'un choix peut changer et se changer, comme l'a fait notre sage et aventureuse Maria. Ils ne pensent pas que l'on puisse risquer un pas dans l'eau, puis, si elle est trop froide, procéder à un raisonnable repli. Ils ne voient dans cette attitude qu'un déploiement d'énergie inutile. L'immobile chérit sa stabilité et s'économise, préférant le choix du conformisme. Le métier, le conjoint, les amis sont de longue date, « sinon je meurs! » Voilà, c'est leur manière à eux de *résister, non pas à l'ennui, comme nos transgressifs… mais au changement et à ses affres!*

De l'extérieur, l'immobile semble « faire tout bien », aidé en cela par son extrême prévoyance. Dans sa vie sans turbulences, il a le temps et le loisir de prévoir, d'organiser à long terme, de placer, de construire, à la différence de ceux qui gaspillent leur énergie à une existence désordonnée.

Le langage de l'immobile est reconnaissable. « Dans la vie, dira-t-il par exemple, il faut être droit dans ses bottes » ou « Cela me rassure de ». Il a besoin d'assurance, de réassurance et d'assurances vie. De triple assurance. De filets, de contre-filets, de triple filet… C'est ainsi que les compagnies d'assurance font fortune. Devant cette envie de se garantir de tout, certains crient au scandale. Ne pas fumer pour s'assurer la santé, ne pas manger pour les mêmes raisons, mettre des alarmes pour dissuader les voleurs, acheter son enterrement pour s'assurer qu'il sera comme ils le souhaitent, assurer leurs lunettes, leur voiture, les études de leurs enfants…

Ces immobiles ont en commun d'être enracinés. Ils ont des racines qui les retiennent de bouger. Ils sont attachés aux êtres et aux choses, aux biens matériels, à leurs possessions, à leur notoriété pour certains. Ils ont un proverbe fétiche: «Pierre qui roule n'amasse pas mousse.» Manquent-ils de la plus élémentaire liberté en se conduisant ainsi?

Le sociologue Guy Bajoit[1] note que pour être libre, un individu doit concevoir que ses partenaires sont interchangeables et indifférents... «Ainsi, être libre, c'est être indépendant des autres d'une part et de ses possessions d'autre part.» Une maison, des biens, un statut retiennent autant que l'investissement dans une relation, dans une activité professionnelle ou des savoirs.

Pour beaucoup, cet investissement doit être payé de retour et ne doit pas cesser, car sinon il deviendrait stérile. Nous entendons souvent: «C'était bien la peine que je me donne tout ce mal pour un résultat si décevant.» Il faut qu'une participation rapporte, que ce soit dans l'entreprise, dans le couple ou ailleurs.

Ce qui est encore plus bête, nous disent les savants, est de s'obstiner à persévérer quand on subodore le possible échec. De persévérer bêtement! La dépense est gâchée «chaque fois qu'un individu reste sur une stratégie ou sur une ligne de conduite dans laquelle il a beaucoup investi (en argent, en temps, en énergie) au détriment d'autres stratégies ou lignes de conduite plus avantageuses[2]».

Prenons le bel et célèbre exemple d'un cas de ce genre dans le film qui a raflé tous les prix aux cérémonies des Oscar et César du cinéma, en 2012: *The Artist*[3]. Notre héros, acteur comblé du cinéma muet, refuse l'idée même de jouer dans un film parlant! George Valentin est bien cet immobile qui préfère les souvenirs de sa gloire passée à un nouveau rôle. Le piège abscons est la définition savante de cette persévérance bornée, alors même qu'elle «devient déraisonnablement coûteuse ou ne permet plus d'atteindre les objectifs fixés[4]». Valentin est tombé par orgueil ou bêtise dans le piège abscons! Cette persévération s'avère parfois perverse.

C'est le cas de ces vieux époux qui ne s'entendent plus, mais qui ont trop investi pour se quitter et continuent à vivre un enfer, ou de ceux qui, après s'être engagés pour l'achat d'un terrain, s'aperçoivent aux premières pluies que ce dernier est inondable, mais qui préfèrent persévérer dans leur achat plutôt que de perdre l'acompte versé.

Trop investis pour abandonner et trop peureux pour décider de prendre un autre chemin, trop têtus pour reconnaître qu'ils se sont trompés et que la vie est faite d'incertitudes. D'où l'importance de changer d'avis et de route quand on perçoit que l'on se trompe.

L'immobile ne comprend guère ces propos. Il ne peut se mettre à la place du transgressif, de l'amateur de changement, de celui qui veut avoir plusieurs vies. Il n'éprouve pas de compassion devant les conséquences de ces comportements et il dit encore une fois, comme Gérald : « Les gens sont fous. »

Les fous sont tous ceux qu'il voit sautiller autour de lui, changer de boulot, changer de pays, changer de conjoint, prendre amant, maîtresse… Bref, tous ceux qui se laissent guider par leurs émotions, leurs pulsions, leurs passions, leurs envies. En général, les authentiques immobiles ne pratiquent pas l'adultère, c'est trop dangereux.

Par voie de conséquence, la vie de l'immobile est simple. On la lui envierait presque ! La route est toute droite. Au besoin, il avance avec des œillères pour ne pas voir les voies de côté ou ce qui se passe autour de lui. « Moi, je ne regarde pas les hommes ! », dit Anaïs. Ni les hommes ni les autres choix possibles de vivre, de travailler, de voyager, de penser… L'immobile est parfois aveugle et sourd, c'est son choix. C'est un choix initial qui n'est pas réinterrogé. Souvent un choix d'imitation : « J'ai toujours vu mes parents faire ainsi et je ne vois pas pourquoi je changerais. » Un conformisme confiant.

Souhaitons que ce choix ne perturbe pas trop le domaine des idées et les schémas de pensée. Hélas, nous craignons fort que les préjugés soient aussi bien conservés que les petites manies. Pour passer tous les jours nos idées reçues à la moulinette et vérifier si elles tiennent toujours le cap, il faut des dispositions ! Notre système de valeurs doit évoluer avec nos expériences et l'évolution des mentalités. Nous remarquons souvent chez l'immobile la tendance inverse, mieux, il est souvent le défenseur du « c'était mieux avant ».

Gardons-nous du pire. Ce n'était jamais mieux avant. La nostalgie d'une époque et de ses pratiques est stérile, car dans la vraie vie la marche arrière n'existe pas et c'est heureux. Nous devons poursuivre allégrement, sous peine de rester sur le bord de la route. Les mentalités évoluent parfois très vite. Qui aurait pu penser que le PACS, ce contrat juridique inventé par la France, permettrait aux homosexuels de trouver une formule acceptable pour s'entraider financièrement, acheter des biens ensemble ? Avoir quasiment les mêmes droits que ceux donnés par le mariage hétérosexuel ! Qui aurait pensé que le président Obama se déclarerait, comme le nouveau président de la République François Hollande, favorable à une loi pour le mariage homosexuel ? Qui peut arrêter désormais l'idée largement répandue de la légitimité de l'adoption d'un enfant par deux femmes ou deux hommes enchantés d'élever un enfant ensemble ? Certainement pas eux !

Bigre, nous venons de dresser un constat peu amène du personnage immobile ! Serions-nous vraiment trop critiques à son égard… Si c'était le cas, la réalité, qui n'est pas si simple et n'aime pas les catégories trop strictes, nous rappellerait sa diversité. Un immobile a plusieurs facettes et subtilités.

Ainsi, il y a des immobiles mobiles et des immobiles « panachés », car bien évidemment l'immobile au travail peut se révéler transgressif en amour. Et vice-versa !

Un modèle de constance dans sa carrière peut accumuler les unions, quittant un partenaire pour un autre avec régularité, pour finir à la tête d'une famille nombreuse le contraignant au paiement de pensions alimentaires plus nombreuses que les doigts des deux mains ! On peut aussi imaginer (parce que ça existe !) un immobile dans le travail et dans son couple, qui soit un transgressif sexuel. Il garde sa même femme (ou son même mari !) mais vit des aventures extraconjugales, voire des relations amoureuses, des liaisons interdites.

Ces exemples peuvent accréditer l'hypothèse que le lieu de transgression le moins risqué dans nos sociétés reste celui de l'amour ou du sexe. Rien n'est en cause, ni la bourse (encore que !), ni la vie... mais le frisson est là.

Prenez trois hommes : Pierre, Paul et Jacques... chacun est immobile dans son couple et son travail et ne changerait sa situation professionnelle pour rien au monde, mais parfois, ils s'octroient quelques tranches de sexe qu'ils assimilent à une fatale rencontre amoureuse. Fatale signifie qu'ils ne l'ont pas souhaitée, qu'elle leur est tombée sur la tête. Une sorte de fatalité, un coup bas du petit Éros ? Les tricheurs patentés cherchent l'aventure, elle leur tombe dessus alors qu'ils ne demandaient rien.

LE SAUT DE L'IMMOBILE : L'AMOUR ?

En voici un exemple. Marc-Antoine est un immobile pur jus. Il travaille dans la même entreprise, a toujours vécu dans la même ville, a épousé sa femme à la sortie du lycée et nul ne sait s'il a eu ou non des aventures. Pourtant, Marc-Antoine avoue qu'il a failli quitter sa femme et sa ville, du moins qu'il l'a sérieusement envisagé. À l'automne de sa vie, il pensait avoir rencontré un grand amour. Entre lui et son épouse, le désir avait depuis longtemps plié bagage. Avec sa nouvelle conquête, c'était le nirvana ! « Est-il possible que je sois dans cet état ? », confiait-il à ses confidents perplexes. « Foutaises ! lui répondait-on... Ressaisis-toi ! » Suivaient les conseils amicaux qui prônaient à la fois le grand voyage ou le repos, les perfides analyses qui mettaient en évidence la différence d'âge et l'effet foudroyant du temps sur ce genre de passion tardive.

La merveilleuse histoire a effectivement duré un temps. Au départ, il se donnait un an pour arranger ses affaires, puis il s'est repris légèrement. Il ne savait pas comment mener le combat. Il s'exclamait : « Ma femme, je la connais depuis le lycée, comment la quitter ? » Il était englué, pétrifié, recouvert d'une couche de pierre scintillante, à l'image de son luxe quotidien.

« Dans un an, je serai peut-être mort », répétait-il à sa maîtresse qui devint dépressive, irascible, triste, pressentant qu'il ne bougerait finalement jamais. Ainsi, elle devint moins attrayante... « Pourquoi quitterais-je ma femme dans ces conditions ? » fut sa conclusion. Une histoire fort banale, que nos cabinets de psys connaissent bien.

Marc-Antoine, toujours bien vivant, craignait même de mourir s'il quittait son toit. Une crainte fondée. Comment aurait-il supporté la culpabilité de partir, l'opprobre qui se serait abattu sur lui, la rupture avec ses enfants, la perte de ses repères, de ses habitudes ?

Peut-être serait-il mort, effectivement, comme ses deux copains qui avaient refait leur vie avec des jeunesses. L'un eut un cancer foudroyant, l'autre un infarctus, laissant des veuves dans les deux camps... Ce n'était pas encourageant. Nous pensons que l'histoire finit bien. Que serait devenu ce couple fragile dans la tourmente, aurait-il eu suffisamment d'énergie pour se nourrir ?

LES STRATÉGIES COMPENSATRICES PERMISES

L'immobile n'est jamais aussi sage qu'il le paraît. Bien souvent, il doit développer des stratégies de défense ou compensatrices pour le rester. Dans ce registre, le stationnement est souvent payant et les somatisations ne sont pas exclues. Bienheureusement, il a à sa disposition de nombreuses activités compensatrices. Il y a les immobiles qui courent, courent à perdre haleine, ceux qui s'exténuent à gravir des cols ingravissables (oui, c'est un mot inventé, amie correctrice !) pour se défouler et se charger d'endorphines euphorisantes. Ceux qui fument des cartouches et des cartouches de Gitanes sans filtre, qui boivent des tonneaux de champagne, comme notre Gérald, qui mangent comme des boulimiques. Ceux qui travaillent comme des brutes, qui s'abîment pour ne pas penser, qui font de l'argent, du fric, qui jouent au Monopoly, achètent et revendent des biens, jouent à la bourse, aux courses, collectionnent les vêtements, les voitures, les « nous ne savons quoi », les phallus gallo-romains, qui se gavent d'antidépresseurs, qui vont deux fois par semaine en thérapie pour supporter... Tout pour ne pas mourir d'immobilisme ! Que de frénésie !

Et puis il y a ceux que *la vie a rendus immobiles* parce qu'ils ont vécu des expériences... malheureuses. Ce sont les abîmés, les cœurs brûlés qui pensent en permanence au vieux traumatisme passé : « Je vais encore me brûler si je m'engage dans cette voie. Retenons au moins la cuisante leçon ! » Au départ, ils étaient certainement sautillants, avaient peut-être même une belle tendance à partir la fleur au fusil vers de nouvelles aventures. Hélas, les belles aventures ont mal tourné et désormais, ils ne s'engagent plus, ils n'avancent qu'à pas lents et parfois plus du tout. Ils sont paralysés par l'angoisse du choix ou de l'engagement. Les effets de l'âge, nous direz-vous ? Pas seulement !

LES DÉFENSIFS

Comme les rats de laboratoire qui ont reçu des décharges électriques, les défensifs gardent la mémoire émotionnelle, c'est-à-dire la peur de revivre la douleur et la souffrance. « J'ai quitté un emploi bien rémunéré pour monter ma boîte. À l'époque, j'ai misé tout ce que j'avais pour construire ma société. Ce fut un succès. Tout allait bien jusqu'à la faillite frauduleuse d'un ou deux clients, des impayés... J'ai dû liquider la société. J'ai mis du temps à retrouver un emploi salarié. Jamais je n'ai eu le courage de repartir dans la libre entreprise. Depuis, je végète. » Ça ne vous rappelle rien ?

Cette inhibition les empêche d'agir et de se donner les moyens de saisir les perspectives professionnelles. Peu de chance aussi de croire à une relation naissante si on est paralysé par la crainte d'une nouvelle déception. Ces grands maltraités vous diront : « Je souffre de la solitude mais je n'ai rencontré que des partenaires décevants, alors je ne cherche même plus. » C'est la peur de souffrir à nouveau, de connaître des complications comparables à celles qu'ils ont vécues qui les tétanise.

Régler des litiges avec des fournisseurs, des créanciers, les impôts. Trouver un nouveau logement, vivre au milieu de caisses à savon en guise de meubles les a rompus. « Moi je ne veux personne chez moi, je ne veux plus acheter un bien en commun, ni faire vie commune avec quiconque. » À la rigueur de temps en temps, pour l'hygiène ! Pourquoi pas aussi un week-end sur deux et la moitié des vacances, comme pour la garde alternée des enfants ! Étonnez-vous que les femmes fuient le séduisant quadragénaire qui leur fait cette déclaration. Parce qu'il est notre ami, nous envisagions qu'un jour une gente dame libre débarquât dans sa vie et fasse s'écrouler ses défenses. Un bon ange nous a exaucées mais... Mais voilà que Marie était sa semblable. Devinez quoi... Elle avait les mêmes réticences que lui à s'engager. Quand il fit un pas timide et très inhabituel chez lui pour opérer un rapprochement, elle tourna les talons. Il l'avait bien choisie, elle répugnait à tout engagement sérieux ! L'affaire tourna court.

Dommage ! Voici un effort de changement qui échoue. Ces immobiles-là peuvent certainement se remettre en marche lorsqu'ils ont repris des forces et qu'ils reconsidèrent leurs positions. Quand le désir sera plus fort que la peur, qu'un élément nouveau ou une bonne rencontre modifiera la donne, qu'ils trouveront un partenaire qui est prêt lui aussi ? « On ne dit jamais... jamais », disait notre grand-mère, sagement instruite.

Car il arrive aussi que l'on soit immobile *momentanément*. Dans la vie, il faut faire des pauses, il est difficile de bouger effectivement sur tous les fronts. Des remaniements psychiques s'opèrent parfois de manière souterraine, dans les sous-sols de l'inconscient.

Certains vont bien surprendre leur entourage en changeant de travail, en quittant leur région. Comme sortis soudainement de leur torpeur. Ce qui peut paraître violent et brutal à première vue est en fait le résultat d'un cheminement construit. On ne peut alors parler de personnalités immobiles, ils réfléchissaient ou attendaient le bon moment en le préparant soigneusement. Les véritables immobiles le sont à vie et en tirent des bénéfices qui, pour eux, sont de loin supérieurs aux inconvénients.

LÈVE-TOI ET MARCHE

Parfois, malheureusement, c'est un accident qui remet en mouvement, comme pour le Salazar de la Bible : « J'étais clouée au lit à la suite d'un accident, nous dit Sabrina. Je n'avais jamais connu cette paralysie physique. J'ai compris qu'il ne fallait pas attendre pour changer ce qui n'allait pas dans ma vie. Je savais depuis longtemps que je devais quitter ce travail, mais je n'en avais pas le courage. » Allongée, les yeux au plafond, dans ce repli sur soi qu'impose la souffrance, elle avait eu le temps de penser. Quand elle s'est levée, elle a repris progressivement une activité sportive, puis elle a demandé un congé de formation. Elle est aujourd'hui libraire.

Parfois, un événement incongru décide ceux qui n'avaient jamais osé bousculer leur vie. Quand Paul Exben, le héros de *L'homme qui voulait vivre sa vie*[5], découvre que sa femme le trompe avec le voisin photographe, il lui rend visite ! S'ensuit une bagarre qui va entraîner la mort accidentelle de l'amant. Passé le premier moment de stupeur, cet homme doux va faire disparaître le corps et organiser sa propre disparition. À cause d'un banal adultère, sa vie bascule. Il s'exile, change d'identité, prend celle du mort et il devient ce qu'il avait toujours rêvé d'être : photographe… Un photographe de talent condamné à la fuite éternelle. C'est le prix à payer pour une renaissance après un lourd passé.

Nous ne souhaitons pas vivre des épreuves aussi radicales et angoissantes pour nous retrouver, mais nous avons pu constater que parfois, une infidélité subie peut réveiller un immobile, qui soudain pense à vivre sa propre vie… Ainsi, certaines personnes abandonnées ou terrassées par un deuil trouvent des trésors d'énergie pour repartir du bon pied. Parce qu'il le faut bien, arguent-elles. C'est le cas d'une de nos clientes, docile et effacée, entièrement dévouée à un mari autoritaire, qui a repris l'entreprise déclinante, alors que tout le monde la jugeait timorée, pour en faire une superbe affaire ! Oui, il y a un lion qui sommeille en chacun de nous. Parfois, il faut seulement le réveiller.

LES IMMOBILES TARDIFS

Et puis, il y a les immobiles tardifs qui, après une existence agitée ou bien remplie, décident de rentrer au port. Peut-on parler vraiment d'immobilisme ? D'une manière générale, le temps de la sagesse extrême vient. Sagesse, sérénité, la frustration de l'immobilisme n'est plus. Comme ce brave Ulysse déjà cité longuement qui, après tout ce qu'il a vécu, ne bouge plus. Rien ne vaut la douceur et l'ennui du foyer… ou presque. On l'imagine au coin du feu, repassant sans cesse ses moments de plaisir et de douceurs, comme un ancien combattant délirant. Tiens, au fait, n'avez-vous pas un grand-père qui vous rejoue les merveilleuses années de sa révolution de 1968, ou son Vietnam, ou *Les aventures de Tintin : On a marché sur la Lune* ? Moments émouvants ou agaçants, selon votre humeur ou les talents dudit grand-père.

Un ami cher qui est loin d'être immobile nous a un jour fait part de sa grande perplexité quand il a vu, écrit au tableau noir de sa salle de classe remplie d'étudiants très doués : « Et maintenant, voici le professeur X, sa vie… son œuvre. » Voulez-vous connaître sa conclusion pleine d'humour ? « Bon, il faut désormais être… et non avoir été ! »

LES EMPÊCHÉS, LES STATUFIÉS

Vous connaissez sans doute beaucoup de personnes qui ont des capacités et qui ne les exploitent pas. Des *losers* ou des fainéants, jugent sévèrement les mauvaises langues. Des « peut mieux faire », comme l'affirmait déjà le bulletin scolaire ! Ils ne vont jamais plus loin que le bout de la rue, pour user d'une métaphore urbaine. Avec la manette de la télévision greffée au bout de la main pour certains !

L'un d'entre eux nous a expliqué: «J'ai fait beaucoup de choses, maintenant je me repose.» Ces immobiles avancent à leur manière. Ils se contentent de peu, dites-vous? Oui, car incapables de plus. Ils subissent, réduisant leurs prétentions à l'extrême, sans guère de compensation véritable. Ne pas aller au conflit, ne pas prendre de risques, ni de décisions, ne pas risquer de perdre la tranquillité... Ils vivent à tout petit feu.

«Je ne suis pas une locomotive», disait cet homme lucide qui demandait à sa compagne de décider pour tout. La cartographie de vie de ces empêchés-là est symptomatique: le tracé est plat comme un électrocardiogramme de fin de vie. On peut les repérer facilement. Ils reproduisent les mêmes situations au fil des années. Ils sont comme arrêtés. Pourquoi? Ils n'ont pas d'énergie directe, ni de volonté pour agir sur les événements. Pourquoi pas? Sont-ils paresseux? Fainéants? Nonchalants?

Ils sont les champions toute catégorie de la procrastination, ceux qui ne finissent rien parce qu'ils n'ont rien commencé. D'ailleurs, nous commettons sans doute une erreur en écrivant cela, car ils ne remettent pas à demain ce qu'ils pourraient faire aujourd'hui, puisqu'ils n'ont pas de projet.

Pour procrastiner, il faut avoir un début d'intention de passer à l'acte... Les irrésolus sont une catégorie vivace de procrastineurs. Ils ajournent perpétuellement leurs décisions, cherchent des atermoiements, paralysés par l'angoisse de choisir, de se mettre en route, de poursuivre comme de renoncer, de s'engager comme de cesser.

Les responsables politiques jouent fréquemment cette carte-là. Pour éviter la décision qui risque, qui va sûrement mécontenter, ils inventent commission sur commission, réunion sur réunion, entassant les mémoires et les rapports. Mémoires et études la plupart du temps sans grand intérêt puisqu'ils ne confirment que des faits évidents pour tous depuis longtemps. Ainsi court la prise de décision, de bureau en bureau, de parlement en assemblée, d'amendement en amendement! Qui choisira? Le plus courageux ou le plus fou... ou le hasard, ou... Et après combien de temps?

Le seul mérite de cette attitude est de laisser le temps faire tout seul le boulot. L'idée neuve peut ainsi subrepticement s'insinuer, puis se répandre en attendant qu'elle trouve un consensus. Les stratèges savent que différer sa décision, le temps que la situation se précise, est souvent une bonne attitude. L'irrésolu a retenu cette leçon ! Il louvoie, il attend, il se débine.

Dans son *Éloge de la fuite*[6], Henri Laborit rappelle que la fuite peut être saine et salutaire. Nous le pensons quand il s'agit de se soustraire à l'emprise de malfaisants ou de pervers, ou encore de situations névrotiques sur lesquelles on ne peut peser. Par contre, ne pas défendre sa position pour ne pas heurter produit souvent l'effet contraire. La situation ne s'éclaircit pas, elle s'opacifie, s'embrouille, devient indescriptible, intenable. Les irrésolus sont les jouets de la vie, non des stratèges. Peut-on incriminer une trop grande émotivité ? Une difficulté à affronter l'autre ? Oui, entre autres choses.

Ne sachant ni abandonner, ni conserver, ils risquent de tout perdre : la chèvre et le chou. Nous croyons surtout que ces personnes sont difficiles à côtoyer, car elles angoissent un entourage qui ne sait sur quel pied danser devant leur indécision. Imaginez que vous avez une relation professionnelle avec quelqu'un qui laisse perdurer des situations difficiles parce qu'il ne peut se décider à... les changer. Son choix peut être catastrophique pour votre devenir et celui de l'entreprise. Les bons gestionnaires sont souvent ceux qui vont oser faire un geste et s'y tenir ensuite.

L'IMMOBILE IRRÉSOLU « INTRANQUILLE » : LE « MORFONDISME »

Bien sûr, l'immobile irrésolu masochiste qui rumine existe. Là sans être là, la pensée occupée, il rêve à un ailleurs. Cela donne du relief à sa vie, il faut qu'il puisse penser qu'il pourrait être ailleurs. L'immobile peut avoir un bel imaginaire et rêver sa vie... s'il s'ennuie.

LES RÊVEURS OU LES ADEPTES DE LA PENSÉE MAGIQUE : « J'AIMERAIS TELLEMENT PARTIR, CHANGER DE BOULOT »

On a bien compris qu'il n'est pas facile de changer sa vie effectivement, alors parfois on rêve. Si je gagnais au loto, on l'a vu, est le rêve le plus banal. Il n'y a jamais autant de joueurs à la loterie nationale que lors des super-cagnottes. Gagner le gros lot pour se faire la malle est un vœu pieux ! « Ça va tomber, je le sais, je le sens, un jour ça sortira et je finirai ma vie sous les cocotiers. » Quand on sait, et les joueurs en font la triste expérience, que la probabilité pour que cela arrive est infinitésimale, pourquoi entretenir un tel rêve ? Tout simplement pour rêver éveillé qu'il y a un possible avenir tout rose, parce que le rêve est un bon moyen d'évasion.

Les adeptes de la pensée magique existent. Ce ne sont pas que des joueurs de loto ou de petits chevaux… Ce sont des imaginatifs ou des romanciers de talent ! Ils comptent sur la bonne rencontre qui va changer leur vie, l'homme riche, version madame ou… la femme riche, version monsieur… Sur quelque événement improbable. Le vieil oncle d'Amérique ou les lingots d'or dans le jardin !

Croient-ils réellement à ces élucubrations ? Il y a plus de chances de croiser un milliardaire ou un prince que de gagner au loto, nous direz-vous ? Mais si vous avez bien lu nos conseils toujours très perspicaces, vous savez que les princes et les princesses sont rares : « Je ne suis pas ton prince charmant, je suis ton prince à boniments, à boniments ! » clame un chanteur intelligent sur les ondes radio… Il est honnête ! Ce qui n'empêche pas de continuer à s'évader par personne interposée. Merci aux séries télévisées, aux *Feux de l'amour*, à *Desperate Housewives*, qui nous permettent de vivre de drôles de choses sans bouger de nos fauteuils. Un voyage intérieur gratuit. Gratuit mais excessivement formateur et bougrement thérapeutique.

RÊVE ET RÉALITÉ

Vivre un rêve demande de l'imagination. Le mettre en œuvre du courage. Reconnaître que son rêve tourne au cauchemar est héroïque. Nous allons citer le cas d'Annie, qui a changé de travail vaillamment et qui reconnaît *a posteriori* que son carrosse devient citrouille. Au lieu de passer immédiatement à la séquence remords, elle fait une constatation réaliste : « Finalement, je ne crois pas que c'était ce que j'avais vraiment envie de faire. »

Voilà une attitude intelligente, car elle permet d'évaluer ses propres possibilités, la réussite ou non du projet, et enfin, d'en tirer les conclusions. Contrairement à beaucoup de velléitaires qui ne font rien et qui geignent, Annie n'ira pas grossir le rang des « j'aurais dû » « j'aurais pu ». Il faut parfois oser se confronter à la réalité plutôt que de rester dans le connu de l'habitude.

Se donner les moyens d'aller jusqu'au bout d'un rêve suffit parfois. Nous avons connu une Geneviève qui voulait changer de travail. Elle se lança alors dans une formation difficile, la réussit et, au moment de changer de poste… décida de confirmer l'ancien. Très naturellement, devant notre interrogation, elle répondit : « Je voulais savoir si c'était possible, si j'en avais les possibilités. Je sais maintenant que j'ai eu un vrai choix. »

Lionel, après une vie peu enthousiasmante, a suivi une formation pour devenir mécanicien de Formule 1. En compétition avec de jeunes ingénieurs, il n'a pas réussi l'examen de fin d'année, mais il a au moins tenté de réaliser son rêve d'enfant et vécu une année d'exception. Les autres élèves l'appelaient le « papy des paddocks », étonnés qu'à 40 ans on remette sa vie en jeu. Nous comprenons ces désirs-là. Ils font reculer la mort !

LES DÉFAITISTES ET LES DÉPRESSIFS

Cette catégorie regroupe les résignés, les déçus, les *no future,* les sans avenir ou ceux qui disent : « mon avenir est derrière moi », que nous avons déjà évoqués dans le précédent chapitre. Ceux qui ont peur de vieillir, de mourir. Ceux qui déjà se sentent vieux bien avant l'âge.

Leur étendard n'est pas : « rien ne sert à rien », comme pour les tenants du nihilisme ou de l'« à-quoi-bonnisme », mais *« plus rien ne sert à rien maintenant »*. Saisissez-vous la nuance ?

Les défaitistes, les dépressifs sont persuadés que le pire est à venir ou que plus rien ne vaut la peine *maintenant*. Alors pas question de se lancer dans un nouveau projet. Ce sont souvent des prévisionnistes pessimistes. « SI TU te lances là-dedans, tu vas te retrouver dans une belle merde ! » Merci, monsieur. « JE suis un désert ou une terre détrempée sur laquelle plus rien ne prend. » C'est gai. « JE suis un homme de sable et de vent. » Celui-là est lettré !

Ils ne croient ni en eux-mêmes, ni en une possibilité quelconque de vie meilleure.

Déçus par la vie ? Comment peut-on être déçu par la vie ? La vie est ce qu'elle est, un point c'est tout, et comme elle nous gratifie, elle ne nous épargne pas[7].

Nous avons très souvent constaté cette dépression qui s'installe avec l'âge. « À quoi bon maintenant », s'écrient-ils, le regard mouillé. Ils pratiquent l'« à-quoi-bonnisme » du vieux ou du dépressif. Oh ! Ils vont continuer à jouir des petits plaisirs de la vie, en pente douce, mais sans plus de grands desseins, ni de grands engagements… Déjà un pied dans la tombe. Quel dommage pour eux et pour nous ! Ne devons-nous pas porter la vie jusqu'au bout ?

Tous ces profils décrits que nous pouvons regrouper sous le titre générique d'immobiles vont avoir à gérer une part de frustration pour ce à quoi ils ont renoncé. Car ces choix ou non-choix ont un goût de désistement. Et les désistements ont un coût psychologique, même si les compensations sont évidentes.

Nous parlons de ceux qui n'ont pas essayé, qui n'ont pas fait un bout d'essai, bien sûr… Voilà pourquoi nous encourageons toujours les bouts d'essai. Vous l'avez compris.

LE TRAVAIL PSYCHIQUE QU'IL FAUT FAIRE POUR OUBLIER SES RÊVES D'IMMOBILE

La frustration, la déception ne sont pas faciles à avaler même si le choix consenti en limite la nostalgie. Que ce soit dans sa carrière ou dans le domaine amoureux, on ne pourra empêcher les regrets et les espoirs déçus.

« J'aurais voulu être un artiiiiiiiiiiiiiiiiiiiste. » Vous connaissez cette chanson célèbre, paroles de Luc Plamondon et musique de Michel Berger, *Le blues du businessman*[8] ? Celui qui a tout eu, qui a bien réussi, et qui aurait quand même voulu autre chose. Une vie de paillettes et de chansons.

Il y a également ceux qui doivent gérer la fin de leur période de gloire. Ceux qui ont du mal à se résigner à l'oubli du public, ceux qui ont renoncé à la carrière dont ils rêvaient et qui était à leur portée. Arlette aurait voulu être cantatrice. Elle avait toutes les aptitudes, mais son père ne voulait pas d'une comédienne dans la famille. « Quelle stupidité ou quelle sagesse ! J'ai continué à chanter pour moi toute seule. Voilà pourquoi je suis toujours fourrée à l'opéra ! » Arlette a trouvé des accommodements à son renoncement. Il fallait s'accrocher, se défoncer, avoir faim, hurler, désobéir ? Qui le sait ?

Ce matin que vais-je mettre ? Ma robe rouge ou ma robe bleue ? Ma cravate grise ou celle à rayures ? Les immobiles feront comme d'habitude, se casser la tête à choisir n'est pas de leur goût.

Pour les plaindre un peu, nous dirons que s'ils ne connaissent pas de grandes déconvenues, ils ne connaissent pas non plus de grands frissons. Point de montagnes russes pour eux, point de précipices, mais point de sommets !

Reconnaissons humblement qu'il y a beaucoup d'immobiles heureux. Ils sont sans trop d'angoisse, dans une répétition de tous les jours. Ont-ils parfois envie d'ailleurs ? Certainement, de façon fugitive ou projective. Reconnaissons quand même qu'il faut déployer beaucoup d'énergie pour rester immobile dans un monde en perpétuel mouvement, avec tous ces agités autour de vous qui vous traitent de « *demeuré* » (tiens, c'est amusant !) qui pensent que vous ne vivez pas, ne vibrez pas, ne bouillonnez pas. Aujourd'hui, la mode pousse à bouger. Bouger pour rester mince est le nouveau credo de la santé physique, bouger dans sa tête, voir du pays, faire des expériences est la porte ouverte de la connaissance, entend-on. Connaît-on mieux le monde en restant assis sur sa chaise et en étudiant ce que l'on en dit ou bien en le parcourant dans tous les sens ? Doit-on lire les philosophes pour comprendre l'humanité ou bien aller s'y perdre ? Nous livrons à votre réflexion ce joli proverbe chinois qui dit que l'on apprend plus en faisant le tour de sa chaise… qu'en s'éparpillant dans le monde comme un chien fou !

LE NON-CHOIX EST UN CHOIX

Il y a, chez les indécis, un comportement paradoxal qui confine à la toute-puissance : leur désir de ne rien bouger. Dans l'absolu, ne pas choisir permet *que tout reste possible le plus longtemps possible.* Le non-choix permet momentanément de ne renoncer à rien. « Tant que ça dure… », disent-ils en rasant les murs et en évitant d'en parler ! Cette attitude est-elle judicieuse ? Pour eux, certainement !

En fait, les immobiles, les pervers, les tricheurs gênent surtout leur entourage. Ces types de personnalité se remettent peu en question. Au contraire, ils se justifient et se dédouanent, accusant les autres de comportements malsains ou autoritaires. Ce sont les autres, ces agités ou ces jaloux, qui sont mécontents d'eux et leur adressent des reproches. Ce sont les autres qui veulent les amener à changer d'attitude.

C'est évidemment celui ou celle qui est ralenti dans ses actes ou dans ses attentes par ce type de personnage qui souffre. La maîtresse à qui l'on promet un avenir prochain, l'employé à qui l'on promet de l'avancement ou un meilleur poste bientôt. Cet avenir qui, comme la pauvre princesse des contes, ne voit rien venir.

« Anne, ma sœur Anne, ne vois-tu rien venir ?

— Je ne vois rien que le soleil qui poudroie… »

Comme elle, le bercé d'illusions et de promesses, trop naïf, ne voit rien venir. Il n'a pas encore compris que la plupart du temps, l'immobile a choisi qu'il le reste, que le pervers a trouvé sa voie, que le tricheur ne changera que s'il y a danger pour lui à continuer.

Lecteur, vous nous trouvez fatalistes et sans espoir tout à coup. Comment est-ce possible ? Et s'il n'y a pas de possibilité de changement, à quoi servent tous ces bataillons de psys !

Nous répondons encore que *l'on ne naît ni immobile, ni tricheur ni pervers et que si on l'est devenu c'est parce qu'on l'a choisi, que si on veut changer, c'est parce qu'on ne veut plus de cet arrangement.*

On peut effectivement, à un moment donné, vouloir changer de costume si le paysage autour a changé ou si une tuile nous tombe dessus à cause d'une de ces caractéristiques. Imaginons un homme immobile qui, dans un moment de distraction, tombe amoureux d'une autre femme que la sienne. Son statut décidé d'immobile lui enjoint de ne faire aucun pas ni aucune promesse. Facile à dire ! Imaginons que son désir et sa souffrance à résister deviennent insupportables, que son épouse devienne une mégère ou le délaisse... Voilà notre immobile doutant et espérant s'octroyer un changement. Le tricheur peut aussi être sévèrement puni, découvert et pris au piège, il peut jurer qu'on ne l'y reprendra plus. Nous en avons vu qui, lassés du mensonge, privés de leur véritable « moi » reviennent à d'autres pratiques pour ne plus être rejetés.

Le réel changement se fait quand il y a risque que les autres excluent l'immobile ou le tricheur, et si cette exclusion devient insupportable... Si vous êtes en attente auprès d'un immobile, armez-vous de patience ou passez votre chemin.

CHAPITRE 6

Les ruptures de choix

DISPARAÎTRE. PARTIR. AILLEURS !

Notre fantasme à tous… un jour ou l'autre… clament la rumeur publique, le roman d'aventures et les journaux. Il paraît qu'au moins une fois dans notre vie, un jour de grande désespérance ou de fol espoir, nous supplions la fée qui rejoue la destinée et lui demandons de TOUT reprendre à zéro, de nous débarrasser de cette vie de chien ou de nous en donner une autre plus belle encore !

Certains oublient le lendemain de mettre ce projet à exécution, d'autres vont y souscrire. Tel notre pape qui ne voulait pas l'être et qui osa encore croire, à son âge, qu'il pouvait changer le cours de sa vie et qui y parvint !

Si le fantasme est simple, la réalité l'est moins. Elle se donne des raisons objectives, mais des buts souvent difficiles à atteindre. « Je romps pour ne plus souffrir, pour effacer mes soucis et espérer un monde meilleur » est le credo. Réaliser cette possibilité demande une bonne dose de courage, d'optimisme ou d'inconscience. Paradoxalement, rompre est aussi un acte de foi dans l'avenir.

Les détrousseurs de magots professionnels et autres voleurs de grand chemin que sont les héros de Michael Connelly, grand écrivain de polars[1], ont souvent besoin de changer de peau ou de s'évanouir dans la nature pour échapper aux dangers des règlements de compte. Ils ont une vision très réaliste de la problématique du changement radical. Pour partir, il faut d'abord et surtout des moyens… Nous vous donnons immédiatement quelques conseils, si vous nourrissez ces velléités-là.

L'héroïne de *La lune était noire* veut se dissoudre dans un eldorado ensoleillé après un dernier casse… Elle téléphone à l'ami mafieux, pourvoyeur de bons coups et lui expose fermement son projet.

« De quoi on cause ?

– Liquide. Un seul coup.

– Un seul ?

– Gros ?

– Assez gros pour pouvoir disparaître. »

Ce qui signifie que vous, pauvres gens honnêtes, qui ne possédez pas la carte d'adhésion à la mafia et n'envisagez pas de braquer la supérette du coin, devez vous contenter de fuir avec toutes vos économies… et sans papiers. Attention, l'adjectif « gros », qu'emploie notre héroïne, est ici un bon indice pour les innocents qui imagineraient partir avec peu ! Il faut beaucoup de liquide et de faux papiers pour un nouveau départ !

Plus que du liquide ! Il faut de la confiance en soi, le goût du pari et une bonne dose d'inconscience ou de bravoure. Rayé de la carte, de l'état civil. Oubliés les racines et le petit village, un homme nouveau doit renaître. Tellement nouveau que parfois on envisage de recourir à la chirurgie esthétique pour gagner un autre visage, comme le projetait l'héroïne du roman à succès de Murakami après ses assassinats vengeurs[2]. Ces romanciers ont un imaginaire débordant, dites-vous ? Il est vrai que ces façons ne concernent généralement pas le commun des mortels qui, plus modestement, prendra un billet d'avion sans changer d'identité. Cependant, nous en gardons la symbolique. *Pour choisir de rompre, il faut opérer quelques changements radicaux.*

Le « je pars » n'est donc pas obligatoirement synonyme de dissolution dans le grand univers. Il peut vouloir dire tout simplement : « je recommence » ou « je change d'appartement », « je quitte mon travail ». Je pars vers d'autres aventures, vers un ailleurs qui n'est pas l'autre bout du monde, et même éventuellement la porte à côté.

Heureusement encore, nos envies de recommencer ne suivent pas obligatoirement un échec cuisant à oublier. Elles peuvent exprimer un brûlant désir enfin mûr de réaliser un vieux rêve ou de poser d'autres bases à sa vie.

Par contre, nous sommes d'accord pour conclure que si nous partons, c'est pour trouver un autre climat. Nous entendons votre approbation appuyée: « Sinon c'est inutile. » Cette déclaration d'utilité publique mérite pourtant qu'on l'examine avec soin, car elle n'est pas si honnête qu'il y paraît! Les psys en soulignent souvent l'ambivalence et connaissent bien ces cas ou on veut changer, tout en se remettant dans les mêmes galères. Nous insistons sur le mot « mêmes ».

Dans ce chapitre, nous envisagerons d'abord la rupture voulue et choisie. Nous nous soucierons ensuite du pauvre abandonné, obligé d'accepter ce qu'il n'a pas forcément souhaité et dont il est la victime.

LE PRINCIPE DE LA TABLE RASE

C'est avec un cri insupportable[3] qui, comme celui de Munch, hurle la détresse de toute l'humanité, que nous entamons le chapitre des grandes ruptures. Parce qu'il nous semble bien que la douleur étant le point de départ essentiel de cette démarche, le cri en devient l'expression parfaite. Il y aura évidemment un avant et un après, comme sur ces photos que produisent les chirurgiens esthétiques. Avant le grand nez ou les grandes oreilles, après... on ne sait pas! En tout cas, après sera autre. Même si, nous en sommes convaincues, « après » sera tissé de tous nos choix précédents et s'inscrira surtout comme la résultante de toute notre histoire. La nouvelle vie va venir s'écrire sur notre parchemin.

ANN OU LA RUPTURE SANS RETOUR

Dans le film de Benoît Jacquot, ce fameux hurlement poussé par Ann vient appuyer le traumatisme causé par une vision insupportable: apercevoir son amour dans les bras d'une autre. Le texte de Pascal Quignard, plus sobre que le film, dit: « Quand le désir des larmes s'arrêta, alors sa souffrance devint intense. Puis elle se déchira. » Le sens est le même. Une souffrance qui fait hurler. Un corps qui se déchire.

Après le cri, après la déchirure, la rupture amoureuse pourrait se limiter à un « Je te quitte » tout simple adressé à un mari volage, et nous serions en pays de connaissance. Tu m'as trompée/je te quitte, est en effet la réponse usuelle à ce type de forfait. Suivront ensuite les disputes, les pleurs, la haine, les avocats, les partages et les textes de loi.

Ann n'est pas dans ce registre-là, et c'est pour cette raison que son histoire nous intéresse. *Elle quitte tout*: sa maison, son métier, ses pianos, avec une détermination peu commune, une rapidité étonnante. Nulle explication, ni une quelconque demande d'explication à ce pauvre trompeur, alors que nous venons de vous donner mille et un conseils pour que notre Autre soit, sinon respecté, au moins considéré ! Rien de tout cela.

« Je te quitte, c'est fini. » Avec un point, page 25 !

« Il faut que nous parlions », demande l'égaré quitté, quelques paragraphes après.

« Inutile. » Page 27 !

Ann a le sens du raccourci. Elle ne perdra pas son temps en palabres et refusera celles de son compagnon, comme s'il n'existait plus. À vrai dire, dès cette trahison aperçue, il n'existe plus. Ann, engluée dans sa détermination, n'écoute qu'elle et n'entend qu'elle. Une espèce d'amnésie s'abat qui annule tout passé. Ann est une nouvelle femme, au contraire de notre autre héroïne, Francesca, qui ménagera, par son silence respectueux, sa petite famille, son mari, les liens existants.

On ne peut donc espérer meilleur exemple pour parler de rupture table rase: un passé lourd d'abandonnée, un élément nouveau qui fait sens, une grande fébrilité, une urgence... Voici les ingrédients.

Dès lors, avec méthode, Ann va se débarrasser de la maison qui lui appartient, des pianos qui sont l'âme de son métier, des frusques de son mari (dont elle fait un paquet, qu'elle expédie en colis postal), puis, pour parfaire cette entreprise de démolition, jette et brûle... l'inutile, le superflu, l'encombrant, sauf « deux chemisiers de soie qu'elle aimait bien, un pantalon de lin gris, un vieux jean noir usé, une paire de baskets noires ».

Suivra ensuite le massacre du téléphone et de la carte de crédit. Elle dit que désormais : « Ce serait un autre temps. Ce temps serait vécu par une autre femme. Il se situerait dans un autre monde. Il ouvrirait une autre vie. »

On peut en conclure que pour l'avenir, Ann ne s'encombre pas[4]. Quelques vêtements et quelques assiettes... pour demain. Ensuite, ce sera l'exil dans l'île si belle, si sauvage, où elle se rompra les muscles à nager, à marcher comme une forcenée pour que le corps, grâce à cette activité intensive, enlève à l'âme la possibilité de penser.

Si nous avions à analyser le cas Ann, nous ne nous arrêterions pas seulement au choc que lui cause la vue de l'infidélité de son époux. Cette étreinte et cette autre femme servent de déclencheur, de symptôme, mais ne recouvrent en aucun cas les raisons profondes de ce départ. La voix populaire dirait seulement que c'est la goutte qui fait déborder le vase ! En effet, la lecture attentive du roman le confirme par la suite, les traumas du passé y sont largement suggérés et nous aurons l'occasion d'y revenir.

Folie que ce comportement excessif, dites-vous ? Ce qui nous trouble plutôt ici est l'enchaînement impitoyable de ses faits et gestes. Leur violence et leur automatisme. Ann remplit les sacs-poubelle, casse, se débarrasse des objets avec une minutie chirurgicale. Elle fait table rase.

Nous agissons parfois de même ! Lors des ruptures amicales ou amoureuses, on déchire la photo, on balance les cadeaux, on brûle les lettres. On efface les textos et les SMS. De l'air et de la place. On ne garde rien qui puisse alimenter le souvenir. La colère, la souffrance poussent les actes au paroxysme et oublient un instant que demain nous chercherons certainement la colle invisible pour tout restaurer ! Le but est de détruire à jamais.

Villa Amalia est un roman, mais la réalité égale souvent la fiction. Nous remplirions des pages et des pages si nous rassemblions tous les actes des partisans de la terre brûlée ou plus rien ne repoussera ! Bien entendu, c'est surtout dans la séparation où l'amour est en jeu que les faits sont les plus remarquables. Tu m'as trahi, je brûle la maison, je casse ta voiture, je troue tes pneus, est un jeu de couple relativement fréquent.

La rupture est parfois si violente que l'Autre est mort ou, mieux encore, n'a pas existé. On assiste alors à des acharnements visant à détruire tout ce qui s'était autrefois si harmonieusement construit. Nous insistons sur le caractère pathologique de ces attitudes, non point parce qu'elles sont irrespectueuses, mais parce qu'elles amputent celui qui les commet d'une partie de sa propre vie ! Une mémoire qui s'éteint est un non-sens ! Nous y reviendrons en fin de chapitre, parce que si celui qui est quitté souffre de cette sidérante façon d'agir, nous parions que celui qui détruit ne respecte pas non plus sa propre histoire !

JE TIRE MA RÉVÉRENCE… ET M'EN VAIS AU HASARD !

L'idée de « tailler sa route » est un vieux mythe qui fait recette par périodes. Pour des raisons économiques ou politiques, les migrants de tous pays convergent vers des contrées plus accueillantes. La rébellion a poussé des bataillons de jeunes gens sur les routes de Katmandou ou d'ailleurs dans les années beatniks. Recherche de paradis, fuite de l'Amérique du conformisme et de la guerre, ils allaient chercher la paix de l'âme, sur les conseils de Kerouac[5]. Hélas, ils ont souvent oublié de laisser leurs seringues et leurs drogues avant de partir, oublié pour le coup de faire table rase, pour mener à bien leur voyage. À nouveau monde, nouveaux comportements ? Peu d'entre eux l'ont compris, pourtant la plupart de ces routiers se disent satisfaits du choix de l'errance, heureux de ne plus être les bouffons de la société, et ils souhaitent persévérer. « J'erre en cherchant », nous a dit l'un d'eux. Nous avons compris qu'il cherchait surtout l'amitié, la rencontre et un monde meilleur… où les contraintes seraient moins méchantes.

On lit parfois dans la presse quelques récits étonnants de disparitions subites, de départs en mer, de tour du monde pour oublier, d'avions pris pour des destinations inconnues... de morts simulées, de faux enterrements, d'assurance-vie détournée ! À propos de fausse disparition, nous nous souvenons avec émotion du roman d'Erik Orsenna, où l'héroïne, enfin décidée à vivre son grand amour, s'enterre faussement à l'autre bout du monde, laissant les siens, dans l'ignorance, en pleurer de chagrin[6].

L'espoir d'un jour meilleur soutient également les pensées des nouveaux *boat people*. Les premières embarcations véhiculaient des réfugiés politiques. Les actuels sauvent, ou noient, des hommes jeunes qui fuient la misère. Un aller simple ? Une intégration réussie ? Encore faut-il atteindre son but. Sans bagage, avec leur peau et leurs os exploités par des passeurs sans scrupule, certains y laisseront la vie ou iront s'entasser dans les camps de la belle île de Lampédusa ou d'ailleurs.

Cet exil a pour moteur essentiel la colère. Colère amère pour ceux qui ont eu la malchance de naître dans un pays qu'ils n'auraient pas choisi ! On imagine toutefois que pendant un temps, ils ont essayé de faire comme les autres. De supporter les mauvais traitements, de courber l'échine dans les pays totalitaires, de supporter la misère. Plus simplement, ils ont tenté de s'intégrer coûte que coûte, malgré les mauvaises conditions de vie. De s'adapter d'une façon ou d'une autre à la faim, au manque de travail, à la précarité.

Ils espèrent, en embarquant, que la solution pour eux est ailleurs. Vraie ou fausse, c'est cette idée qui les porte pour cet avenir rêvé. Rêvé tellement fort qu'ils refusent d'entendre ceux qui les préviennent des difficultés à venir. Ils n'envisagent pas qu'ils seront refoulés aux frontières, parqués dans des réserves avant d'atteindre leur eldorado. Ou plus vraisemblablement, ils s'en moquent et préfèrent croupir dans les camps de Sandgate[7] ou d'ailleurs plutôt que de vivre le désespoir du jour sans travail ou le manque de libertés essentielles. Dès lors, ils prendront tous les risques.

Elles traînent dans nos têtes de fanatiques de ciné-club, ces images de migrants arrivant, éblouis, dans le port de New York. La terre promise, enfin, puis la longue marche vers l'Ouest, les tristes usines de Chicago ou les rues du Bronx. On sait qu'ils essaieront de se regrouper par communautés, qu'ils ne se mélangeront pas pour ne pas perdre leur langue et leurs habitudes. Les Italiens, les Chinois, les Portoricains délimiteront leurs quartiers... Au mieux, ils se mépriseront. Au pire, ils se battront. Revoyez le beau film *West Side Story*[8]... «*I want to live in America !*» Un chant d'espoir ?

Moins optimistes, souvenons-nous aussi de quelques récents reportages insoutenables dénonçant la cupidité et la cruauté de ces fameux passeurs de bétail humain ! Point de sourire dans les yeux des migrants, mais la hâte d'atteindre le rivage, épuisés et meurtris. Le chanteur français Pierre Perret leur a rendu hommage dans une belle chanson qui raconte l'histoire de la jolie Lily. Elle «arrivait des Somalies,... dans un bateau plein d'émigrés qui venaient tous de leur plein gré, vider les poubelles à Paris[9]».

Ceux qui font le choix de l'exil comprennent bien la nécessité de conserver leurs racines. D'ailleurs, c'est un des problèmes essentiels que les politiciens devraient prendre à bras-le-corps s'ils veulent aider l'intégration de ces exilés.

Heureusement, la rage aide parfois à vivre, et de bons exemples de réussite et d'intégration existent. On les glorifie et on les encense. Partis de rien, arrivés sans valise, ces émigrés ont fait fortune. Ils deviennent l'exemple, la caution de l'espoir.

C'est cet espoir de la découverte qui a guidé, il y a bien longtemps, nos aventuriers célèbres et exaucé leurs rêves les plus fous. Partir pour les Amériques avec Colomb, pour un tour en Orient avec Marco Polo... C'est tentant, non, quand la curiosité vous tient ? Nous n'avons pas encore insisté sur cet ingrédient positif dans le choix du départ. Pour refaire sa vie, la curiosité est une alliée.

J'ai tout remis à plat, que va-t-il m'arriver de bon demain ? J'ai hâte de le savoir. Pour un job que j'attends secrètement à Londres ou à Zurich, suis-je prêt à tout repenser ? Après tout, qu'y a-t-il à perdre, si ce n'est ma chère habitude ? Accepter de laisser la vieille patrie pour s'enrichir d'expériences nouvelles est un beau défi. Toutes les conditions sont présentes pour un exil tout doux.

LE DÉCLIC

Pour ne pas oublier que le réflexe du départ vers un ailleurs peut être précoce, voici une anecdote rafraîchissante. Sarah est une petite fille gentille, mais qui parfois fait des bêtises et se fait gronder par sa maman. Ce jour-là, elle se voit consignée dans sa chambre. Pas pour longtemps, car quelques minutes après la punition, ses parents stupéfaits assistent à son départ. Sa petite valise et sa peluche à la main, en les regardant effrontément, elle leur annonce son départ définitif : « Je m'en va. » Heureuse, Sarah a compris qu'il y avait des situations insupportables à vivre et des solutions à tout quand on a du courage !

L'adolescent adore jouer avec cette idée de départ. « Je vais me barrer » est son indice de résistance. Les adultes n'ont aucune idée de quand il va se barrer mais c'est sûr, il va se barrer. L'adolescent n'en sait pas davantage. « Vivement que je me barre » est une phrase qui fait vivre et patienter. Une phrase qui réconforte et qui annonce enfin la liberté. Ne rien dire et se barrer est un passage à l'acte qui angoisse toute la famille. À la fois signe d'un échec de communication et signe de la résilience possible ou d'une certaine maturité, qui permet d'oser l'impensable.

Comment s'élabore l'idée de la rupture ? Petit à petit, la plupart du temps. Avec une prise de conscience du mal-être ou un profond désir de changement. Les arguments viennent ensuite, s'étudient, les opportunités se saisissent au vol. Parfois, une vilaine maladie s'invite et ne part plus, la migraine, les vertiges, les dos cuisent. Tout, alors, invite à la réflexion. « Que m'arrive-t-il ? Je n'ai que mal-être en moi. »

On nous raconte de drôles de déclics. Qui ne sont souvent que broutilles ! Muriel a décidé de quitter le mari dont elle raillait les caprices le jour où il a voulu mettre le couvert dans la salle à manger intérieure alors qu'il faisait si beau dehors. Vous imaginez que l'exemple n'est pas représentatif ? Vous avez raison, mais c'est bien de la goutte et du vase… dont il s'agit. L'extrême conviction qu'il ne faut pas continuer ainsi peut surgir pour un rien, mais résulte d'une longue cogitation (inconsciente ?) .

Ensuite, c'est selon. Certaines ruptures se construisent avec constance, d'autres dans le désordre. Jamais sans effroi, jamais sans nuits blanches. Les parents de Grégoire, qui ont émigré très tardivement, ne sont plus là pour nous raconter les motifs de leur décision, mais notre ami, qui avait 15 ans à l'époque, s'en souvient très bien. Son oncle avait fait partie de la première arrivée des révolutionnaires réfugiés après la révolution espagnole de 1936. Bien intégré et content de son exil français, lors de ses retours en vacances dans son pays, il racontait à ceux qui étaient restés combien la vie là-bas en France était agréable ! Si… captivant par ses récits que la maman de notre ami était subjuguée. C'est ainsi qu'un beau jour, toute la famille s'embarqua pour le sud-ouest de la France. Nous pourrions penser sottement que ce petit Grégoire de Galice, dûment chapeauté par l'oncle, a été un joyeux émigré ? Eh bien non, ce n'était pas son choix, il aimait sa langue, son école et sa vie.

Eh bien oui, il s'est adapté. Il nous dit encore en riant : « J'étais le meilleur élève de mon école en Espagne. Arrivé en France, je n'étais plus qu'un ignorant idiot qui étonnait le professeur car je savais diviser et extraire les racines carrées, alors que je ne savais pas m'exprimer en français ! » La langue, les habitudes, tout est à apprendre, à comprendre et à digérer pour ces nouveaux arrivants. Les problèmes rencontrés dans tous les pays pour réussir l'intégration des étrangers montrent bien la difficulté de la tâche. Difficultés aggravées par le peu d'empressement de tous à accepter leurs différences (ou les nôtres).

Point n'est besoin d'aller chercher les cas extrêmes. Rompre avec sa famille, par exemple, reste un tabou : les relations parents-enfants sont quasiment sacralisées, justifiées par le législateur.

Aussi faut-il une grande dose de courage pour rompre ces liens. En certaines circonstances, pourtant, ces ruptures sont nécessaires et libératrices. Nous avons insisté, dans un de nos ouvrages[10], sur la nécessité de se détacher d'images parentales néfastes : un père violeur, une mère abusive et perverse. Un parent n'est pas forcément toujours bienveillant, une famille peut être « malade ».

Les déclics se produisent à l'occasion de circonstances particulières qui émaillent une vie. Les héritages, les partages de biens sont propices aux grandes disputes sans appel, mais aussi les fêtes de famille qui peuvent permettre à l'un des membres de vérifier son rejet et le malaise qu'il couve auprès de ses proches. Vive la rupture qui permet désormais de passer des dimanches ailleurs, mais paisibles. La rupture est meilleure que la souffrance distillée régulièrement, même si elle ne règle pas tout. « J'ai mis un océan entre ma mère et moi, nous dit fréquemment une de nos amies exilée au Canada, mais nos relations sont toujours problématiques. »

Nous sommes souvent interpellées par des personnes qui ne supportent plus leur vie professionnelle. La plupart du temps, elles nous confient qu'elles ne sont pas à la place qu'elles souhaitent, qu'elles souhaiteraient. Une sorte de choix/non-choix qu'elles ont dû ramasser et qui ne les comble pas. « Mon père voulait que je sois fonctionnaire, ne voulait pas me payer les études, j'étais sotte, j'étais lâche... » On entend bien là tout le dépit d'avoir sacrifié ses goûts et le regret de ne pas avoir eu le courage de lutter au bon moment. Dès lors, il y a une image à réparer, une revanche à prendre.

Valérie était de celles-là. Son symptôme était résistant, mais elle ne mit pas longtemps à le comprendre. Elle était en permanence en retard à son poste dans une administration tatillonne. Un retard important, d'une heure parfois, qui donna très vite lieu à des sanctions et à des menaces. Aujourd'hui, elle a enfin démissionné et repris ses études. Elle n'est jamais en retard en cours. Elle va enfin se prouver qu'elle est maintenant capable d'accéder à son désir.

Pourquoi ce courage était-il impossible jusqu'ici ? C'est bien là tout le problème. Le temps « qu'il faut » a été nécessaire pour se débarrasser des handicaps réels ou imaginaires. « J'ai peur d'échouer parce que je n'ai pas confiance en moi » ; « J'ai peur de réussir car ma vie ne sera plus la même. »

« J'ai peur. » Jusqu'ici… j'avais peur. Point. Nous avons en tête quelques passionnés plus rapides qui, du jour au lendemain, ont salué la pointeuse et sont partis garder les moutons, ou bien ont décidé d'ouvrir un restaurant au fin fond de la Belle Province… Leurs raisons varient… le ras-le-bol, le métro, le froid, les encombrements. La réflexion a été rondement menée, les préliminaires réduits et la détermination forte !

Très à la mode auparavant, ce genre de décision devient plus rare. Nous sommes attachés à nos habitudes, parfois même à nos mauvaises habitudes, et notre entourage aussi. L'insécurité, la crise du chômage brisent les imaginaires les plus fragiles. Il devient difficile d'y entraîner ses enfants ou son conjoint. Nous avons vu plus haut le fiasco qu'a été le départ de la famille de Maria. Par contre, sur un coup de dés, on raconte qu'une poignée d'amis, un soir, très allumés, ont pu dessiner un projet fou qui a marché. « L'avenir appartient aux audacieux », dit le proverbe optimiste et « qui ne tente rien n'a rien », confirme le sage.

Jean-Pierre dit souvent qu'il a été pris de vertige quand il a compris qu'il allait accomplir tous les jours les mêmes tâches et que son avenir n'allait présenter aucune surprise. Il a alors songé qu'il ne survivrait pas à cet ennui. L'écrivain John Le Carré avoue les mêmes préoccupations : « Je voyais mes 30 ans approcher inéluctablement. Je ne pouvais m'empêcher de me demander si, en me refusant ainsi les plaisirs de l'écriture personnelle, je faisais un acte de sainteté ou d'imbécillité ridicule. »

À ce constat, certains se lamentent et plient les genoux. D'autres partent à l'assaut de leur Everest. C'est ce que doivent faire les courageux qui veulent mener leur route. Cathy ne se satisfaisait pas non plus de sa place d'infirmière qui suivait, il est vrai, deux échecs en médecine, et se révélait un piètre pis-aller. Travail de nuit, cours du soir, elle a repris ses études et sa vie en main. Un choix coûteux en privations, en renoncements, en énergie. Nous admirons ces démarches, car nous savons leur prix. « Mais… nous répondent en riant ceux qui le font, ne nous félicitez pas, c'était plutôt une question de vie ou de mort ! »

De vie ou de mort ou de plus grand plaisir, car cette éventualité professionnelle n'est pas exclue. Ainsi, une Isabelle très satisfaite de son métier, mais fort curieuse d'une nouvelle perspective, est revenue à l'université pour un parcours en psychologie sans faute, avec grand bonheur !

Cette énergie facilite certainement le choix. Elle donne le carburant et la pugnacité nécessaires. Il faut aussi qu'elle donne de l'endurance, car rien n'est gagné, ni l'arrivée au sommet, ni le retour à la case départ, qui parfois s'avère impossible.

Nous évoquions, dans un autre chapitre, le choix parfois douloureux de l'orientation sexuelle. Il y a quelques années, il était impossible, sauf dans certains milieux, pour notre ami Manuel d'afficher ses goûts. Les choses ont un peu évolué, mais les conformismes ont la vie dure et la société a trop longtemps chassé l'homosexuel pour qu'un tel choix soit apprécié sans restrictions, même de nos jours. Elle n'excuse pas encore le fameux *coming out* qui conduit parfois des hommes ou des femmes déjà engagés traditionnellement à faire un pas de côté. Abandonner femmes et enfants pour son nouvel ami est une attitude jugée inconvenante. Nous savons pourtant que ce choix est lourdement réfléchi, que les intéressés sont conscients du scandale qu'ils vont créer dans le petit microcosme familial. Là, le déclic est souvent la lassitude du mensonge et le désir de vivre leur vraie vie à découvert.

ON PART POUR NE PLUS MENTIR

À la fois glorieux et pernicieux, tel est le concept devenu impératif : « Je veux vivre dans la transparence. » Il contredit les circonvolutions mensongères de nos immobiles. Pour ceux qui vivent selon ce précepte, désormais persuadés que la vérité est le vrai chemin, point de masques ni de cachotteries. Ils voient le mensonge comme une fuite de leurs responsabilités ou une dérobade. Pour eux, il est glorieux de cesser de se cacher, mature de rejeter la propension enfantine du mensonge.

Cesser de mentir est donc le plus fréquent de tous les arguments des choix de ruptures amicales ou amoureuses, suivi par son double, « être authentique, être en harmonie avec soi-même » qui, plus général, convient à toutes les ruptures. C'est pour être authentique que vous oserez dire « merde » au chef de service qui vous tape sur les nerfs depuis longtemps, et ce que vous pensez de lui depuis autant de temps… avec vigueur. Nous parions que lorsque vous sortirez de sa tanière après avoir déposé votre démission, l'air vous paraîtra plus léger et les filles (ou les garçons) fort belles et beaux. Osons-nous rappeler que depuis quelques minutes vous serez chômeur et demandeur d'emploi ? Bah ! Si vous devez éviter ainsi les aigreurs d'estomac, c'est le prix à payer !

Allez-vous pour autant, sur cette belle et courageuse lancée, prôner le jeu de la vérité et avouer à votre époux (ou épouse) vos petits arrangements ordinaires ? Réfléchissez avant de jouer la « toute transparence ». Nous qui sommes depuis toujours pour la vérité, rien que la vérité, toute la vérité, sommes dans ce cas-là beaucoup moins tranchantes.

Essayez plutôt de répondre, comme l'énigmatique et désolant employé Bartleby[11] : « *I would prefer not to* » (que nous traduisons par « Je préférerais ne pas »). La formule d'Herman Melville est magnifique, nous ne pouvions l'oublier dans ce travail sur le choix. Elle a donné lieu à mille conciliabules et provoqué des disputes chez nos philosophes soucieux d'y lire leur propre interprétation[12]. Voici l'échange entre Bartleby et son patron :

« Qu'entendez-vous par là ? Êtes-vous dans la lune ? Je veux que vous m'aidiez à collationner ces feuilles, tenez. Et je les lui tendis.

— Je préférerais ne pas, dit-il.

Je le regardais fixement. Son visage était émacié ; dans son œil gris régnait une vague placidité. Aucune ombre d'agitation n'en troublait la surface… en l'occurrence, c'est plutôt le pâle buste de Cicéron en plâtre de Paris que j'aurais songé à mettre à la porte. »

Notre conseil n'est pas véritablement courageux, pensez-vous. Nous comprenons votre désarroi. Comment ? Des psys qui vous barbent depuis trois opus, et même davantage, avec la nécessité de dire, qui se moquent des tricheurs qui dissimulent, changent de cap ? Souvent les psys varient ? Les psys femmes de surcroît ?

Oui, nous dévions légèrement notre route et c'est pour la bonne cause : *éviter de faire du mal à celui qui vit auprès de vous… jusqu'à votre décision de le quitter.* Quand vous en serez à ce point de non-retour, après avoir décidé de ne plus vous mentir à vous-même, vous pourrez dire quelques vérités.

Nous enfonçons des portes ouvertes, d'autres avant nous conseillent les mêmes honteuses attitudes tant que vous êtes dans vos incertitudes. « La politique de l'aveu est une politique de la malveillance ; tout dire, c'est médire, alors que l'omission relève du principe de délicatesse[13]. » Suivi d'une formule radicale : « Se taire, c'est protéger, avouer, c'est saccager. » Ce qu'il faut comprendre, c'est que cette fameuse recherche de la vérité est surtout nécessaire pour nous-mêmes avant notre décision. L'infidélité peut être un symptôme comme un autre dû à notre mécontentement, à notre ennui, au besoin de quelques piments ! Si, suivant Aldo Naouri, nous essayons de façon très régressive de résoudre enfin les tensions de notre enfance, de régler nos rapports avec père et mère. Autant de problèmes qui ne regardent que nos problèmes, justement, et pas celui qui vit à nos côtés. Avec juste raison, vous nous rappelez que nous sommes dans un chapitre où l'on rompt et que vous êtes donc en droit d'attendre quelque aide à ce propos et non des considérations philosophiques !

LE CHANT DU DÉPART

Annoncer la séparation à celui qui ne la souhaite pas est un exercice périlleux. Nous avons recensé les formules les plus habituelles, non pour le plaisir de l'exercice mais pour essayer d'analyser ce que traduit la façon de rompre. Celle-ci révèle vraiment quelle place et considération vous avez choisi de donner à l'Autre. Que se passe-t-il dans votre tête avant que vous osiez vous exprimer ? Un choix !

Le définitif « Je te quitte »

Nous l'avons déjà analysé, le bon exemple est dans *Villa Amalia,* avec cette Ann qui ne perd pas son temps à expliquer son départ ni ses futurs comportements. Comme elle est en présence d'un coupable affaibli par sa bêtise, elle n'a aucun scrupule. Les objets personnels sont renvoyés par la poste, la serrure changée et l'appartement vendu avant qu'il ait dit « ouf ».

Peu de ruptures peuvent s'octroyer cette liberté de ton et de forme. Il faut reconnaître à cette femme une authentique indépendance et un toupet terrible. Pas d'enfant, un mari qui loge chez elle, libre financièrement, libre de travailler n'importe où dans le monde… Choix de reine ? Choix surtout extrêmement personnel. Choix dicté par un événement qui fait symptôme. Le choc de la découverte de la double vie du mari vient s'inscrire dans l'histoire de notre héroïne comme une blessure déjà vécue quand son propre père l'a quittée. Posons l'hypothèse que dans certains cas, il est plus aisé d'agir vite, de crainte de ne pas agir. La souffrance et l'émotion du moment mettent la réflexion à distance. La colère est mauvaise conseillère, mais elle peut donner du courage aux faibles et aux indécis.

Le vulgaire SMS

– « Tu m'em, ve pu t'voir. » (Il doit y avoir une formule plus rapide.) On fait le minimum dans le texte et on disparaît. C'est sans appel et goujat. On pensait cette attitude réservée aux ados, il n'en est rien. Certains messieurs s'en servent aussi, de façon plus nuancée dans la formule, mais semblable dans le sens.

« Je pense inutile de se revoir A+ » a été jeté sur le téléphone d'une jeune femme par un amant de trois jours rencontré sur Internet qui s'était montré plutôt fougueux et promettait déjà le mariage. Uniquement pendant trois jours ! Nous pourrions rajouter les mails, en général longs et emberlificotés, où l'un raconte que « décidément il vaut mieux être ami et que... ». Suivent des raisons sans raison.

La forme n'y est pas et signe la maladresse ou l'embarras de celui qui rompt et ne sait pas le faire. Culpabilité, goujaterie ? Il est difficile de trancher. Ce sont là des ruptures « zapping » bien dans l'air du temps. On profite du moment en jouant à « comme si c'était vrai ». Le lendemain, on passe à autre chose... Pour des histoires qui ne représentaient pas grand-chose pour celui qui rompt. Parfois, un des deux y a cru et pour lui c'est la douche froide. Il faut résolument apprendre qu'une histoire d'amour se construit peu à peu. Pour autant, douter toujours de sa réalité n'est guère propice à son épanouissement. Alors, la prudence est de mise, mais l'enthousiasme aussi.

La lettre de rupture

Celle de Valmont à Madame De Tourvel est admirable de cynisme[14] : « On s'ennuie de tout mon ange, c'est la loi de la nature. Ce n'est pas ma faute. Si donc je m'ennuie aujourd'hui d'une aventure qui m'a occupé entièrement depuis quatre mortels mois ce n'est pas ma faute... Il suit de là que depuis quelque temps je t'ai trompée, mais aussi ton impitoyable tendresse m'y forçait en quelque sorte ? Aujourd'hui une femme que j'aime éperdument exige que je te sacrifie, ce n'est pas ma faute... Je t'ai prise avec plaisir je te quitte sans regret... Ce n'est pas ma faute. »

Ce n'est pas ma faute, suggère en guise d'excuses le sieur Valmont. Voilà un modèle du genre, nous vous interdisons de reproduire cette lettre, car elle est fort connue et vous risquez d'être démasqué et accusé de plagiat. Elle est de plus d'une cruauté absolue, puisqu'elle laisse supposer que c'est la rivale qui élimine.

Compassionnelle ou explicative, querelleuse ou légale, la lettre est le véhicule des ruptures professionnelles, parfois aussi des graves ruptures familiales ou amicales et de ceux qui se suicident et nous quittent brutalement.

Au XXIe siècle, écrire une lettre est affaire sérieuse et grave. Elle a valeur de symbole et même de talisman. Les écrits restent et un clic malencontreux d'ordinateur ne les efface pas. Il est rare que votre patron vous congédie par lettre officielle, sans vous avoir reçu d'abord pour vous faire part de ses griefs, mais ce n'est pas impossible dans certaines grandes entreprises où le personnel n'est pas toujours bien traité. Malgré les dénégations des spécialistes des ressources humaines, il arrive que le pauvre hère soit débarqué et l'apprenne par lettre recommandée, et certains ministres ou hauts fonctionnaires par des articles de presse ! Le « tout en haut » n'est pas exempt de vulgarité ! Démissionner est soit le résultat d'une longue réflexion, soit l'issue colérique d'une dispute entre les deux protagonistes. « Si tu n'es pas satisfait de moi, comme tu me le dis, je te file ma démission et je quitte la boîte. » Réaction fréquente, parfois adaptée malgré les apparences. Une sourde guerre installée depuis longtemps n'attendait que la goutte (celle du vase, encore) pour exploser. « Après avoir dit cela, je me suis senti tellement soulagé que j'ai compris que je l'avais inconsciemment provoqué pour me retrouver dans l'obligation de partir. » Nous voici encore aux mains de cet inconscient plus intelligent que nous, qui sait mieux que nous ce qu'il faut faire… dans un cas où la décision était prise mais ne pouvait se dire sans drame !

Les mauvaises ententes familiales aiment aussi s'exprimer par lettre. Les parents écrivent à leurs enfants pour manifester leur mécontentement, sachant qu'un adolescent ne supporte pas les entretiens à thème. Les lisent-ils ? Oui, même s'ils les critiquent. Les ruptures avec père ou mère, frère ou sœur sont écrites et réécrites des dizaines de fois avant d'être envoyées. Certaines d'ailleurs ne le seront jamais, mais leur trace restera dans un vieux tiroir et sera aussi efficace ! Miracle de la parole gravée et donc salvatrice, même si elle ne parvient jamais à son destinataire.

Nous conseillons toujours d'écrire ces griefs traumatiques, car nous savons que cet acte est apaisant et que la réflexion qui y est liée nous fait en soupeser toute la gravité… ou toute la légèreté.

Libre à vous ensuite de l'expédier, de la conserver, ou, comme le conseillent les griots, d'aller l'enterrer sous l'arbre !

L'explication sur le répondeur

On jure que c'est vrai. Nous en avons les récits très détaillés et plus fréquents qu'on se l'imagine. Agnès rentre chez elle, enclenche le répondeur et écoute, stupéfaite, la voix de son mari lui ronronner qu'il ne rentrera ni ce soir, ni les autres soirs, parce qu'il est muté juge des affaires familiales à 1000 kilomètres de la maison. On conçoit que le pauvre homme ne puisse pas rentrer tous les soirs, vu la lenteur des trains, mais une mutation dans l'administration ne vient pas sans demande spéciale… Depuis quand dissimulait-il son désir de tout quitter… ville, femme et enfants ? Nous ne donnerons pas notre avis sur le juge en question, mais nous avouons avec vous que ce passage à l'acte n'a pas manqué de nous intriguer ! Que quittait-il ?

Il ne parlait ni de divorce, ni de vie intenable, ni d'enfants (grands, par ailleurs) insupportables ! Il était muté, voilà tout. Il ne rentrerait pas ce soir.

Concluons à un rare mépris pour l'Autre et… pour soi ! Dire sur un répondeur que ce que l'on a vécu pendant quelques années ne compte pas est insultant pour les deux personnes du couple. Rien n'est dit quant à la suite, comme Ann, le mari muté part sans explication mais sans rien défaire non plus. Il ne vend pas la maison en cachette, ne pille pas les armoires, laisse ses livres et sa trace. Reviendra-t-il lors d'une prochaine mutation ? Lors des prochaines vacances ? La pauvre abandonnée peut tout supposer. Le fait est que celle-ci supposa toutes les solutions possibles et faillit devenir folle. Selon les jours, elle oscillait entre colère et espoir, en caressant les livres tant aimés de la bibliothèque du fugitif. Nous vous prions de ne jamais faire ainsi. Laisser l'Autre sans réponse quant à votre décision est d'une réelle cruauté. Si vous ne le savez pas vous-même, ce qui est bien sûr le cas si vous n'êtes pas un pervers malade et ravi de voir l'autre souffrir… Il faut choisir et au mieux expliquer son choix.

L'invitation au restaurant

Elle a indéniablement de l'allure pour les ruptures amoureuses, et fait partie du quotidien pour les ruptures familiales ou amicales. Si le demandeur veut adoucir le coup, il essaiera d'être généreux et ne lésinera pas sur le choix du restaurant. Il risque simplement de prendre le homard ou le champagne en pleine tête ou de terminer son repas tout seul. Nous conseillons un restaurant hors du périmètre habituel, car le scandale peut éclater et les voisins de table connus seront sans pitié quand il faudra les rencontrer le lendemain à la cafétéria du bureau. «Eh ben! Dis donc, ta (moitié) elle a du punch!», ou encore: «Eh ben! Avec ta mère hier, c'était pas la joie!» Le homard peut aussi échapper des mains de celui qui invite et qui a dit: «J'ai quelque chose à te dire» si on l'insulte trop. Ces scènes font le bonheur des pièces de théâtre et des écrans de cinéma. Dans la vie, elles sont moins agréables à vivre. Le contexte est préservé, on ne peut s'insulter trop vivement ni se battre. Les excités et émotifs, enclins à tout passage à l'acte démonstratif, les préféreront aux autres. D'autant que ces esclandres font hurler de rire les badauds. On rit très fort pour ne pas entendre nos cœurs pleurer.

Chéri, il faut qu'on parle

La scène sera à peu près la même. Mais le huis clos sans les spectateurs et voisins de restaurant comme observateurs peut être plus violent et durer plus longtemps. Le salon de vos parents ou le vôtre est ouvert toute la nuit, alors que le restaurant ferme à minuit au plus tard. Il est sûr que vous pourrez terminer l'analyse de vos griefs sans coupure! Dans les deux cas, il s'y dit des choses très classiques sur la rupture. Nous avons quelques idées générales.

«Depuis quelque temps, je me sens étouffer, tu n'y es pour rien, il faudrait que je prenne un peu de recul.» La formule est élégante et permet de garder espoir. L'invité compréhensif peut rester très premier degré et proposer son aide, sa patience et sa compassion. Attention toutefois, cette formule peut (rien n'est écrit, sauf notre côté méfiant) dissimuler une ou plusieurs maîtresses ou amants…

que l'on n'avouera jamais. Entre amis, elle indique que le seuil de tolérance à l'intrusion est dépassé. Cette situation est d'ailleurs plus fréquente qu'on le pense. L'ami(e) véritable peut se révéler une vraie plaie. Une glu toujours fourrée chez vous, sous prétexte qu'il (elle) est célibataire, que vous êtes une cuisinière hors pair, qu'il (elle) se sent bien dans vos meubles ! Craignez l'arrivée de la bonne copine venue parce qu'elle fait des travaux dans son appartement pour quelques jours… et qui va rester six mois. Ces six mois pour vous faire comprendre que vous êtes ou étiez dans une relation de dépendance ou de soumission infernales sans le savoir.

« J'ai rencontré une autre personne… pour le moment rien n'est fait, mais je ressens comme une attirance irrésistible et je ne veux pas te mentir ! » Aïe. Mentir en amour, c'est mal ! Nous ne commenterons pas davantage.

« J'ai rencontré le grand amour, je sais que je te fais du mal, mais c'est la fatalité ! Jusqu'ici je n'ai rien dit, mais je crois que nous devons nous séparer… Pour la pension alimentaire, vois avec mon avocat et mon notaire, je les ai prévenus ! » Effectivement, chéri a parlé. La rupture est consommée, dans la rouerie ou la fatalité. En fait, le « prétendant au départ » n'a qu'une envie : qu'on en finisse le plus vite et le mieux possible. Même si la culpabilité le tenaille, vos états d'âme ne l'intéressent pas !

Il y a mille et une façons… moins franches. Se faire surprendre en état d'infidélité en est une. Pas si inconsciente que cela, paraît-il. Elle pourrait passer pour un non-choix et donc ne pas figurer ici, mais on a bien décidé que notre inconscient ne choisissait pas sans notre accord préalable, non ? Paul et Virginie se prélasseront alors dans des lieux en vue et une méchante langue parlera, ou, comme le mari d'Ann, ils seront suivis et découverts, ou bien une agence de détectives prendra des photos compromettantes que le trompé leur mettra sous le nez avant de négocier le montant de la pension alimentaire.

Pour vous débarrasser d'amis encombrants, vous ferez des cachotteries pour leur échapper, le temps d'un dimanche ennuyeux, comme toujours. « Ah ! Désolé, je suis déjà invité », quitte à risquer de vous retrouver devant la boulangerie du quartier à l'heure de l'invitation susdite en jogging avec votre baguette sous le bras ! À vous de voir maintenant, en toute connaissance de cause, quelle stratégie vous allez choisir et comment vous vous y prendrez pour une rupture élégante ou une réponse que l'on vous obligera à fournir. Au-delà de cette apparente légèreté, que nous essayons de maintenir dans ces pages, imaginez que ce n'est pas un choix sans nuits blanches. On ne peut plus se raconter trop longtemps le fameux « ce n'est pas ma faute », ni jouer à celui ou celle qui est tombé amoureux sans le vouloir ou qui est sous la coupe ou le sortilège d'un démon ou d'une diablesse. Cela, votre entourage et votre conjoint le penseront un temps, pour vous excuser ! « Il est tombé sous le charme de cette femme ! Elle l'a envoûté ! » Mais si vous persistez dans ce choix, si vous ne revenez pas, vous serez le ou la s… très vite !

REBONDIR

Il s'agit bien de cela. Le verbe convient parfaitement, avec ce qu'il suppose de mouvement gracieux mais volontaire. Partir est un premier pas qui doit être suivi de bien d'autres. Certaines grandes sociétés permettent de prendre une année dite sabbatique pour s'essayer à un nouvel emploi. Avec l'assurance d'être repris si on y échoue. C'est mieux que rien, et on devrait poursuivre dans ce sens, car il est osé de faire un nouveau choix de carrière sans assurer ses arrières. Comment reprendre ses études quand il y a très peu de cours du soir, comment faire des stages en entreprise obligatoires quand on travaille toute la semaine ? Quant aux validations d'acquis, elles s'avèrent aussi difficiles que les études qu'elles sont censées remplacer.

« Je suis parti avec ma seule valise.

— Eh bien monsieur, il va falloir tout reconstruire.

— Je m'en moque, je peux vivre n'importe où. »

Faut-il sous-entendre : « Pourvu que je sois au calme, qu'il n'y ait ni tempête, ni coup de vent… » C'est après une séparation difficile que l'on entend en général ce genre de propos. Ceux qui fuient sans rien pour avoir la paix prennent tous les risques pour le futur. « Quoi qu'il arrive, je m'en moque ! » Ils disent ainsi qu'ils ne sont pas attachés aux biens matériels qui d'habitude retiennent. L'argent, la maison, les amis, le quotidien confortable. Qu'ils sont capables de s'en passer ou de les reconstituer. Ceux qui partent en laissant tout en état ont une moindre impression de culpabilité. Ils partent sans rien déranger, laissant à l'abandonné le soin d'être le gardien du passé. Ce n'est pas toujours un cadeau pour celui qui reste ! Combien de fois avons-nous entendu que continuer à vivre dans une maison de famille après le départ de l'un des conjoints était plus difficile que recommencer ailleurs dans un lieu neutre ? Combien de fois avons-nous envié celui qui avait le culot de partir sans rien ? Sans rien de matériel en tout cas !

LE PALIMPSESTE

Nous parlions plus haut de ce palimpseste qui était notre lot. La dernière couche doit être fréquemment interprétée et nettoyée, mais il est faux de penser que l'on part sans rien. On part avec TOUTE NOTRE HISTOIRE.

Nous avons écrit bien gros « toute notre histoire » pour que les myopes le voient. Malgré les apparences ou malgré sa volonté, on ne part pas sans bagages. On part avec toutes ses valises et même parfois avec celles de son conjoint, de ses parents et de ses enfants. C'est un bon chargement pour un camion de déménagement que l'on voudrait vide. Un enseignement dont il faut tenir compte. À titre de conseil et même de gouvernance, car autrement vous allez tout droit dans le fossé ou dans le talus. À la catastrophe, quoi !

Nous comprenons bien ce désir de renouveau et cette envie de neuf. Nous l'avions déjà à chaque rentrée scolaire. Il fallait un cartable neuf, une trousse neuve et ces cahiers qui sentaient si bon qu'on osait à peine les ouvrir ! Chaque nouvelle année augurait un nouveau cycle, obligatoirement plein d'espoir, que l'on ne pouvait accueillir en guenilles.

Un de nos enfants, qui déménageait loin, nous confiait dernièrement en riant : « Si tout le camion pouvait brûler en route... » Nous avons souri. Sûr qu'il y avait une économie non négligeable de cartons à défaire, mais aussi une envie confuse de ne rien avoir à replacer, pour tout réaménager, sans la commode de grand-mère ou les tableaux de l'enfance.

Nouvelle vie, nouvelle tête ? Nouvelle personnalité ? En quelque sorte, oui. Il faut bien que l'apparence change si le fond reste le même. Il y a des personnes caméléons qui savent faire plaisir à la nouveauté, ou adopter les comportements concordants à la nouvelle vie. Nous en avons même vu devenir « autres » dans l'apparence ! Plus ou moins sophistiquées, plus ou moins débraillées, selon le changement de milieu. Elles posent ce changement comme une forme de vérité retrouvée.

« Mon ex ne supportait pas que je traîne en jogging, maintenant... il ne me dicte plus rien. » (Et bing, le jogging porté toute la journée, jusque chez la psy !) On ne s'enfuit pas pour la joie de porter un jogging, et si l'habit, qui ne fait pas le moine, n'est que le symptôme du malaise, le changer contribue peut-être à se sentir mieux dans ses nouvelles sandales. Nous visitions un jour une maison pour un achat éventuel. Très contemporain, le rez-de-chaussée nous plaisait beaucoup. Comme tous les bons acheteurs nous n'en disions rien, quand la maîtresse des lieux nous apostropha et nous confia que c'était bien moche en bas, mais que l'étage avait été aménagé au mieux... dès que le mari avait tourné le dos ! Enfin, on allait voir la superbe décoration qu'elle avait effectuée !

Oui, nous vîmes une explosion de rideaux de dentelle, de salle de bains sophistiquée et fleurie... La dame avait décoré les lieux à son image. Nous n'avons pas acheté la maison mais nous avons pensé qu'avec des goûts si différents, ces deux-là devaient en effet se séparer !

Voici pour les détails auxquels des possibilités d'adaptation normale répondront aisément. Pour le reste, c'est plus dur. On arrive avec TOUTE son histoire... Nous renouvelons notre conseil : bien gratter les premières couches du parchemin. À première vue, on remarque qu'il y a foule et que ce ne sera pas si simple. Nos échecs sont souvent gravés en rouge, ils demandent examen et compréhension. Pour la simplicité du propos, nous employons ce vilain mot d'échec, mais il faudra être magnanimes et tempérer nos jugements. Les rejeter n'est pas obligatoirement payant, les actes de contrition ne servent qu'à s'excuser auprès de Dieu et ils sont contraires à notre façon d'envisager nos choix ! *Bons ou mauvais, ils ont été choisis avec les raisons du moment.* Ensuite, après ? Ils se sont avérés difficiles, mais qui peut prétendre être devin après la lecture attentive de nos articles ? Intuitifs oui, oracles non.

Il est bon aussi d'attendre, avant de se prononcer sur la réussite du projet, que le passage euphorique de la liberté retrouvée s'estompe. Pour bien contrôler que l'on n'a besoin que d'ELLE ! La suite est parfois décevante. « Je suis libre, il est vrai, mais que vais-je faire de cet ingrédient auquel je ne suis pas accoutumé ? Mon conjoint ne me torture plus, mais comme les soirées sont ternes devant mon téléviseur, dans le trois pièces cuisine-salon. » Nous donnons la version Cosette, mais elle est quelquefois une dure réalité. Le divorce des époux est cause de partage, d'appauvrissement et de conditions de vie plus difficiles pour les deux partenaires. La perte des amis du couple, souvent inévitable, est souvent douloureuse. Certains vont vous laisser choir et continuer à voir celui que vous quittez.

Le syndrome de Stockholm peut aussi vous prendre. Aime-t-on son bourreau, comme le disent les psys ? Paradoxalement, c'est possible. Une constante sado-maso ? Surtout de vieilles habitudes inventées pour mieux supporter ce qui gênait et qui vont maintenant ne servir à rien, un système immunitaire au chômage, un manque qui va vous conduire tout droit à la fameuse répétition ? Une liberté gagnée qui ne sert à rien. Sinon à méditer avec notre poète : « Liberté, sur tous mes cahiers d'écolier, j'écris ton nom[15]. » Et je l'écris sur toutes les pages du cahier pour m'en persuader.

LES NUAGES GRIS DE LA CULPABILITÉ DE CELUI QUI PART

Avant de nous pencher sur le malheur du quitté, un petit exposé sur l'état psychologique de celui qui part est le bienvenu. Le regard de la société n'est pas tendre pour celui qui bouscule l'ordre. Celui qui rompt remet en cause des équilibres, celui d'un groupe, d'une famille, de la société même.

Sauf pour ceux qui sont dans une situation intenable reconnue par l'entourage – femmes battues et violentées – celui qui part pour une autre est un salaud ! Celle qui part pour un autre est une dévergondée, voire une mère indigne. On imagine une culpabilité accrue si le quitté vient à se pendre, si les enfants fuguent…

Que dites-vous ? Quand on a décidé cette rupture et analysé tous les périls et tous les atouts, comment peut-elle coûter à celui qui la met en place ? Avez-vous oublié ce petit singe malin qui nous suit depuis l'enfance et qui susurre : « Fais pas-ci, fais pas ça, c'est pas bien » et autres formules du même genre, et qui se nomme culpabilité ? Elle accompagne bien souvent celui qui rompt, car nous n'avons pas tous la détermination folle et absolue d'Ann… et la certitude du bon escient de la cassure.

Non, celui qui part n'a pas le beau rôle. Pourtant, encore une fois, notre avis est qu'on ne rompt pas par fantaisie. « C'est plus fort que moi. Je suis arrivé au bout de ce que mon corps, mes nerfs, mon cœur peuvent supporter, sinon je crois que je vais en mourir. »

C'est ainsi, on l'a vu, que l'on peut quitter l'ami de 20 ans parce qu'il est devenu envahissant, pénible et gênant. Ou l'associé qui a oublié les règles de fonctionnement fixées ensemble au début. Dans nos métiers libéraux, médecins, psys avocats, on aime bien se regrouper pour se tenir chaud quand les jours sont difficiles. Pour échanger aussi, quand les cas à traiter demandent réflexion. Hélas, nous pouvons témoigner que beaucoup de ces associations se rompent avec fracas. En début de carrière, l'une de nous a travaillé avec un psychiatre qui piquait les honoraires dans la caisse commune pour inviter ses collègues à déjeuner avec grand panache ! Deux ans passés à ruminer que… partir était difficile et que ma foi ce n'était qu'une question d'argent, ces petits emprunts de caisse, que tout le reste était acceptable... ce qui à l'analyse était faux... Tout était inacceptable, mais dame culpabilité veillait bêtement à ne pas rompre ce qui *aurait pu* être une bonne association. On nous raconte fréquemment les coups bas que s'infligent certains collègues de bureau ou d'atelier et la méchanceté qui règne et pourrit les relations. Les possibilités de s'y soustraire sont étroites. La plainte auprès d'une hiérarchie souvent sourde peut être sans effet. Au mieux, vous aurez droit à une leçon « d'adaptation » et à des exhortations à la tolérance. Au pire, à 12 séances de coaching.

Il y a des ruptures que l'on ne remet pas en cause, même avec le recul du temps. « Lorsque je roule sur ces routes de montagnes, je me demande par quelle force plus forte que moi j'ai été mue pour changer ainsi de pays, alors que j'avais fait tant de racines ailleurs ? Je n'ai jamais douté que ce fut la bonne décision et aujourd'hui je n'ai aucun regret, malgré les difficultés que je rencontre. » Claire s'étonne encore de cette audace et de cette force dont elle a fait preuve, pour chaque jour se féliciter de son choix. Heureuse Claire ! D'autres nous confieront longuement leurs regrets ou tout au moins leurs interrogations. Si la rupture, notamment, est si douloureuse pour le fuyard, c'est qu'elle le ramène à quelque chose de très archaïque : ses besoins primordiaux, ses souvenirs, ses habitudes, ses petites manies. Elle n'est pas forcément en rapport avec la personne avec qui il rompt, ni avec l'intensité et la qualité de la relation !

« Cet homme me rassurait. Les 20 ans qui nous séparaient faisaient de lui une sorte de père et un modèle. Quand je l'ai quitté, j'ai senti que je perdais cette protection », explique Estelle. Protection pour l'une, fin d'un espoir pour l'autre, ces ruptures mettent fin aux illusions des deux. Elles mettent en jeu l'avenir, le présent, le passé, obligent à gérer cet intervalle qui ressemble à un vide, entre la certitude de la perte et l'incertitude de ce qui va être conquis et va venir le remplacer.

Interrogations, regrets parfois ? « Et si j'avais fait ci... et si j'avais dit ça et si j'avais été plus patient, plus tolérant, plus exigeant, peut-être que… » et bla et bla et bla bla bla… Une seule certitude doit occuper l'esprit en ces temps de doute : ce que je fais, au moment où je le fais, ne peut être autre, car au moment où j'ai pris la décision de rompre ou de partir, je ne pouvais faire autrement psychologiquement. Inutile de dire aujourd'hui que j'aurais pu m'accommoder hier. Non, ce n'était pas le même fleuve et je ne pouvais faire autrement.

Et puis, c'est sans compter l'Autre, nous avons agi en fonction de lui, de ses réactions. Veillons à ne pas verser dans la toute-puissance. Dans une relation, il y a deux protagonistes qui interagissent. L'autre a donné la réplique de la rupture. Pour rompre, il faut être deux. Ce n'est pas contredire les pages qui suivront. Il faut un « rompant » et « un rompu ». Un actif et un passif. Pas toujours facile à démêler, ces deux-là ! Lequel a commencé le triste travail de sape ?

Pour décider de son départ, chacun agit différemment. Dans la forme, nous l'avons vu, et dans le fond. Quoi qu'il en soit, ne nous leurrons pas, une rupture est une rupture, quelle que soit l'allure, le tempo. Il y a les lentes réflexions, les impulsives, les préméditations, les hésitations. Est-ce parce que l'on pense rompre à tort que l'on souffre autant ?

À cet égard, une petite mise au point pour complexifier encore la réflexion : celui qui part n'est pas toujours celui qu'on croit ! Anaïs illustre ainsi ce processus : « J'ai rencontré un homme qui avait beaucoup des qualités qu'une femme recherche. Malheureusement, l'alchimie ne s'est pas faite entre nous. C'est de mon côté que les choses ne se sont pas nouées. Tandis que ma tête me déconseillait de lâcher un homme de qualité, mes nerfs commençaient à prendre le dessus et tout me démontrait que je n'aurais jamais, vers lui, ces élans qui sont ceux de l'amour. Je devenais de plus en plus dure et violente avec lui, qui supportait tout et ne semblait pas comprendre. Je ne me suis pas reconnue quand je me suis vue me transformer en une furie qui ne lui laissait d'autre choix que celui de prendre la porte. »

L'un fait tout pour que l'autre s'en aille. Le dégoûter en lui rendant la vie impossible ou lui faire comprendre que plus rien n'est possible, que la relation s'achève par des signes, des attitudes, un mutisme, une inertie qui semble sans solution, de mille manières en réalité. Alors, sentant la fin prochaine, celui qui est poussé à la rupture prend les devants, par orgueil ou par résignation. Le cerveau a enregistré tous les signes qui se sont ajoutés, des prémisses, des signes avant-coureurs, des manifestations d'agacement évidentes. On sent que l'on n'est plus voulu, à des petits et grands détails. Tout à coup, l'ami ne téléphone plus, trouve mille raisons pour se décommander, n'est plus libre. Vous ressentez de l'amertume ou de la colère et vous allez l'attaquer pour désertion amicale. Attention, il risque de vous rétorquer que si cette histoire ne vous va pas, vous pouvez tourner la page et lui ficher la paix en l'oubliant !

« J'étais à Paris en vacances avec mon ami, se souvient Léa. En passant devant les cinémas, j'ai parlé à Pierre du dernier film que j'avais vu. Il m'a rétorqué : "Moi, le week-end, je préfère aller à la campagne." Presque furieux ! Auparavant, il ne me parlait pas ainsi. Sa remarque m'a glacée. J'ai senti que quelque chose était fini à ce simple indice. C'est la dernière fois que nous nous sommes vus. »

On quitte parfois pour ne pas être quitté, ou plutôt juste avant de l'être. Cela ne vaut-il pas mieux ? Et combien sont déjà partis dans leur tête avant de partir pour de bon ? La rupture est déjà là depuis un moment, muette. « Il y a un moment, dans les séparations, où la personne aimée n'est déjà plus avec nous[16]. » Pour beaucoup de couples, le premier signal remarquable est sexuel ! On oublie de se parler, mais aussi de se toucher et de s'embrasser, et de faire l'amour. Lit et couette se séparent, on a vraiment entamé le processus de l'oubli !

LES DOMMAGES COLLATÉRAUX DES RUPTURES

Enfin, considérons vraiment les pauvres victimes de ces décisions de rupture : l'Autre, l'ami, le frère. Il ne serait pas normal de les oublier après les grandes déclarations d'amour qu'on leur a fait.

Victimes, c'est ainsi qu'on les qualifie. Effectivement, on ne leur a pas demandé un avis quelconque. Aucune autorisation non plus. Elles sont souvent les dernières informées.

Pourquoi tant de mépris ? Parce qu'il ne faut ni s'attendrir, ni flancher, ni se laisser influencer quand on a cette idée de départ dans la tête. Pourquoi tant de rouerie ? Des confidences ont été faites bien avant qu'elles aient été informées aux autres amis proches. Le seul ignorant, c'est elles !

On les a laissées, larguées, virées, jetées, abandonnées, oubliées… Que peuvent-elles faire ? Hurler, engueuler, tempêter ? Autant on s'est, en principe, mis d'accord pour s'allier, le contrat est synallagmatique, autant la rupture ne l'est pas. On ne quitte pas non plus ses parents ou ses amis après une brouille sans casser des œufs.

Il y a celui qui la subit et celui qui la décide. Quand Amélie a quitté son mari, il n'a eu aucune réaction de désapprobation. Peut-être a-t-il pleuré doucement au creux de son oreiller ? Personne n'en a rien su. Fatalisme, encore une fois, ou profond respect de la liberté de l'autre ? On ne retient pas l'autre contre son gré, on ne le répétera jamais assez.

On n'est pas sûr, d'ailleurs, que cette position rassure celui qui part. « Pourquoi mon aimé(e) de dix ans ne proteste pas, ne me retient pas, et part en douce suivre des cours de chinois ou de sculpture avec ses copains pour oublier nos tendres soirées ? » On entérinera alors l'idée qu'on a bien fait de partir puisque l'autre paraît s'en accommoder.

La question mérite d'être posée ! Est-ce qu'il faut se battre, et comment ? Jusqu'à quel point une lutte raisonnable pour récupérer l'homme ou la femme qu'on aime, son compagnon, sa compagne, se justifie-t-elle et peut-elle permettre de le ramener à soi ? Nous ne le savons pas.

Certains reviennent. Reviennent-ils tout seuls ? Oui, nous le croyons, même si le conjoint s'est battu pour cela. Nous avons souvenir de cet homme qui était revenu vers sa femme et qui, à la question « Pourquoi es-tu revenu ? », lui avait répondu : « Parce que tu t'es battue comme une guerrière. » L'énergie déployée par sa femme pour le récupérer lui avait cloué le bec, redoré le blason! Sa rupture avait été un faux départ, ou un départ avorté. Beaucoup reviennent parce que les pressions familiales sont fortes et qu'ils supposent qu'elles peuvent être durables. L'attitude insolente ou agressive des enfants à son égard fait souvent revenir l'infidèle. Nous n'avons pas encore envisagé le sort des enfants de quittés. Ils le sont pourtant. Même si les parents jurent qu'il n'en est rien, la forme ne sera plus la même. Eux aussi vivent la rupture, mais faisons confiance à toutes leurs possibilités de résilience et à leur avenir. Ils se débrouillent plutôt bien.

Pour une rupture acceptée, combien d'autres laissent dans une incompréhension totale et une souffrance horrible. « Pourquoi moi et pourquoi me rejette-t-on ? » L'onde de choc d'une rupture sera personnelle et fluctuante. Comment peut-on penser que le temps passé auprès de quelqu'un qui a pu, à un certain moment, représenter tout l'avenir, peut s'oublier d'un clic ? Même en peu de temps, on peut avoir investi beaucoup. Parfois inconsciemment, en termes d'espoirs, de rêves, de projets de vie ou tout simplement de pérennisation de la relation. Quand Louise lui a signifié qu'elle souhaitait rompre la relation amoureuse au bout de six mois, son amant l'a très mal vécu. Pour lui, elle était déjà la femme idéale, celle avec qui il envisageait de finir sa vie. Et même si notre Louise n'y souscrivait pas, elle s'interrogeait sur l'ampleur et l'importance de cette possibilité. Passait-elle à côté d'une alléchante proposition, d'un bonheur paisible et entouré de prévenances ? L'avenir ne le dira pas.

Certains amants décrètent dès le début de leur liaison son caractère impossible, et pourtant, n'arrivent pas à la rompre. Investissement affectif, sexuel, en termes d'image de soi… Il n'est pas nécessaire qu'il y ait histoire d'amour et d'avenir pour que naisse une tendre habitude, voire une dépendance, voire des hésitations !

Aucune rupture n'est anodine, quoi qu'en disent les témoins bien intentionnés qui, par quelque bonne parole maladroite, du genre : « Tu vas pas nous barber avec ton chagrin, c'est quoi six mois passés avec quelqu'un dans une vie ? », tentent d'éteindre un incendie qui ne s'éteindra que par l'effet d'un travail personnel et par l'œuvre du temps. En revanche, d'autres paroles seront bienvenues, comme : « Dans une relation on est deux et on n'a pas de pouvoir sur les désirs et les sentiments de l'autre... » Une évidence, nous direz-vous ? Oui, mais bonne à rappeler !

C'est pourquoi, pour mener à bien le travail qu'impose la rupture, il faudra faire l'inventaire de ce que l'on a investi, afin de bien identifier ce dont *on doit faire le deuil.* En toute franchise avec soi-même, même s'il s'agit de rêves insensés, d'investissements irrationnels que l'on a fantasmés plus ou moins inconsciemment !

Avec Louise, Pierre a pu imaginer un moment un rêve de vie commune. Nous disons à dessein rêve et non projet, car c'est bien à l'imaginaire qu'il faut renoncer le plus souvent, et c'est cela qui est le plus dur ! Oui, dur pour lui de renoncer à un rêve, dur pour Louise de tourner le dos au rêve de l'Autre ! Que la nature de l'homme est complexe !

Une pléthore d'individus traîne derrière eux les maux de ruptures successives, qui viennent s'empiler les uns sur les autres et alourdir le bagage avec lequel ils vont aborder toute nouvelle relation. Ces balafrés, ces gueules cassées de l'amour débarquent dans ce qui devrait être une nouvelle vie avec des plaies béantes, des comparaisons inutiles, des peurs irraisonnées. C'est trop beau pour durer ! Ils attendent la faille qui signalera que tout peut repartir comme avant. C'est-à-dire à la catastrophe.

Les ruptures familiales sont généralement des drames au long cours. « Je ne vois plus ma mère parce que la relation était trop difficile... » ; « Je n'ai plus ni frère ni sœur depuis la mort de mes parents. » Comment reconstruire sur des ruines encore fumantes... pendant que notre flanc continue à pisser le sang ? Comment vivre avec ces peines ?

AUTOPSIE DE L'ABANDONNÉ OU LE « ROMPU »

Lorsqu'on est quitté, il y a un moment de stupeur, de stupéfaction. C'est ensuite l'incrédulité qui prend le relais : « Ce n'est pas possible, je vais me réveiller, cela n'aura été qu'un cauchemar», puis l'abattement suit. «Comment cette personne, qui hier encore remplissait le caddy avec moi au supermarché, peut-elle aujourd'hui m'annoncer son départ?» «Comment cette entreprise pour laquelle j'ai tant travaillé peut-elle aujourd'hui me mettre à la porte?» Ceux qui l'ont vécu nous disent à quel point le sentiment de malheur, d'injustice est grand. C'est le ciel qui leur tombe sur la tête. C'est le sentiment de tout perdre, de n'être plus rien… qu'un chômeur. Une honte pour la famille, un mauvais exemple pour les enfants, un échec, une humiliation. Oui, trois fois oui, on ne souhaite pas un tel sort, même à son pire ennemi. Même, et c'est notre cas, si l'on soutient que notre dignité d'humain n'est pas totalement liée à notre «boulot»! Hélas, les conjonctures économiques de ce début du siècle ne favorisent pas le plein-emploi et nous voyons tous les jours des usines fermer leurs portes. Le chômage est une lèpre, il gangrène la santé physique et morale, il désocialise, il réduit au néant. Les indemnités consenties, dont on nous rebat les oreilles, ne compenseront jamais l'humiliation d'avoir «été virés» après un plan de réorganisation quelconque.

Nous avons souri précédemment en examinant les quelques élégantes et inélégantes façons de rompre. Certains ne s'en remettront jamais, rabâchant et ruminant à vie leur sort de trahi et d'abandonné. Jean, quant à lui, a annoncé brutalement à sa femme sa ferme décision de partir. Il la quitte, ce n'est pas la peine de discuter, rien ne le fera changer d'avis. Estelle, son épouse, la cinquantaine digne et raffinée, qui ne dit jamais un mot plus haut que l'autre, l'annonce à son tour à ses amis lors d'un repas, sur un ton léger: «Vous ne savez pas la nouvelle? Jean et moi nous divorçons.»

Estelle ne s'épanchera pas sur son chagrin, ni sur sa colère. Elle dira plus tard: «Nous sommes restés en bons termes.» En bons termes. Termes est le mot. Bel exploit de rester en bons termes avec celui ou celle qui a fait exploser sa vie! Les cheveux d'Estelle ont blanchi, elle ne se maquille plus guère. Elle attend que le magnifique appartement et sa terrasse donnant sur les toits de la ville soient vendus pour se réinstaller ailleurs. Elle fait le deuil des souvenirs, elle cesse de se remémorer que Jean lui faisait livrer des fleurs au bureau à chacun de ses anniversaires, elle essaie de ne pas penser qu'il est parti avec une femme plus jeune qu'elle… même si c'est tellement banal. Parce que, malgré les apparences, cela lui vrille le cœur.

Cette sensation de subir de plein fouet la décision de l'autre, d'être réduit à l'impuissance, de devoir changer toute sa vie, toutes ses habitudes, son temps de présence auprès de ses enfants, le quotidien de ces derniers, au nom de la «fantaisie» de l'autre, est ce que rapportent les «rompus».

«Je ne voulais pas de cette rupture, dit le père de Paul, homme de pouvoir habitué à diriger son monde et ses enfants: tu me l'imposes.» Son fils, mécontent de son attitude, refuse de le voir pour de ridicules histoires d'argent. Pourtant, rompre n'est-il pas un droit essentiel quand on ne souhaite pas continuer à vivre ce que l'on vit ou qu'un ailleurs meilleur nous appelle?

La façon de faire, finalement, importe peu. Même douce… elle sera violente. La suite sera déstabilisante. Un jour, l'être cher n'est plus là, c'est cela qui compte. «Ah oui, c'est vrai, il ou elle est parti(e)… Oui, on ne s'entendait plus, c'est mieux ainsi!»

Certains croiront pendant des années à son retour, incrédules. «Comment ne peut-il plus m'aimer? Comment peut-il avoir balayé tout ce qu'on a vécu? C'est cette traînée qui lui a jeté un sort! Je vais aller voir un marabout ou quelque sorcier.» Ledit marabout est payé pour entretenir l'éploré dans son délire: «Je vois, Mam', que votre mari va revenir sous six mois. Il faut que vous portiez cette amulette ou que vous vous arrangiez pour qu'il la porte… Ça fera 100 euros par mois tant qu'il ne sera pas revenu le monsieur!»

La dignité de certains est préférable à cette pathétique hystérie, même si cela atténue le chagrin d'agir encore et encore, sans souci de la raison, pour ne pas baisser les bras!

C'est peine perdue quand on est face à des partenaires qui ont développé une certaine habitude, voire une dépendance à la rupture. C'est un réflexe quasi névrotique pour ceux-là : « Quand ça ne va pas, je pars, je me détache et je recommence ailleurs, cela vaut mieux que de supporter, de rester. » Et ainsi de suite, sans fin.

Il y a des accros de la rupture et des fanas du recommencement. Ils sont hermétiques aux compromis et n'essaieront pas de trouver un terrain d'entente, que ce soit avec un employeur ou un amoureux. Impatience enfantine ? Pessimisme ou frustration impossible à gérer ? Véritable vertige de la rupture, fascination comparable à celle du vide ?

Cette ligne de fuite toujours renouvelée, cette inaptitude à rester dans une relation, à la tisser sur le long terme, cette lassitude, ce désenchantement qui s'empare d'eux quand la réalité se heurte à l'idéal, lorsque les difficultés pointent leur nez est leur radeau. Cet appel du large, de la liberté, de la solitude, même pesante. Ce goût masochiste pour le rejet. Partir avant d'être attaché et reprendre la route comme *a poor lonesome cowboy* ? À vous de choisir la bonne formule pour donner du sens à certains départs incompréhensibles qui tiennent non à votre comportement, mais à la problématique de votre « rompant » ! Ne vous trompez pas d'analyse. Certains compagnons sont incorrigiblement fuyards.

Il y a encore de ces ruptures silencieuses, tacites, dénuées de toute violence ou coups d'éclats, qui ressemblent fort à de la résignation. L'Autre va se retirer sur la pointe des pieds, le rompu ne comprenant pas grand-chose, puisqu'il ne se passe pas grand-chose contre quoi se positionner.

Sophie nous dit qu'elle a un peu perdu le mode d'emploi de la rupture sauvage, que pour avoir beaucoup rompu, elle a maintenant du mal à rompre et autant de mal à demeurer ! « C'est surtout le SAV (service après-vente) que je n'assure plus, dit-elle. Je ne tiens plus la distance de la rupture. C'est pourquoi je la laisse se faire. Je laisse mourir la relation de sa belle mort. Je ne l'entretiens plus. »

Cela pourrait rappeler le comportement de ces chers irrésolus. Sauf que là, Sophie sait que la rupture est écrite ! Qu'elle souhaiterait bien que son amant en prenne l'initiative, afin de lui éviter la culpabilité qu'elle ressentirait et l'énergie qu'elle perdrait à trancher dans le vif. C'est une manière de raisonner inverse à celle qui consiste à prendre les devants avant d'être quitté. « Dans mon cas, je souhaite mettre fin à une situation qui ne me va plus, mais je veux le faire de manière douce, parce que la violence avec laquelle on rompt a un effet boomerang. Rompre n'est pas facile, autant le faire en douceur. » Merci, Sophie, pour ces bons mots, mais que de « laisser faire » dans cette solution !

LES FAUSSES RUPTURES ET LES FAUX DÉPARTS DES AMOUREUX : « JE RETOURNE CHEZ MA MÈRE ! »

Les entre-deux ne devraient pas non plus s'éterniser, surtout s'ils ressemblent à une paralysie qui consiste à ne rien faire : ni continuer, ni rompre. La rupture doit s'exprimer à un moment donné, et une situation nette se dégager.

Qui n'a pas connu ces grandes déclarations jamais suivies d'effets ? « Si ça continue comme ça, moi, je m'en vais » (version allégée) ou « Je te quitte » (version complète). On peut prononcer ces mots les jours d'exaspération. Nous vous mettons en garde néanmoins contre ces propos qui évoquent une éventualité qui, à force d'être banalisée, peut opérer son petit travail de sape dans l'inconscient et mener un jour, tout naturellement, à la rupture. « Tiens, eh ben qu'il s'en aille ! De toute façon, depuis le temps qu'il menace de le faire ! » ou « Puisque c'est comme ça, c'est moi qui vais prendre les devants avant d'être quitté ! » Bref, il y a des menaces dangereuses ! Tant va la cruche à l'eau qu'à la fin elle (se tire)... se casse !

Les amants terribles rompent et reprennent sans cesse. À Hollywood, Elizabeth Taylor et Richard Burton restent le couple mythique, aussi célèbres pour leur talent d'acteurs que pour leurs scènes de ménage et de rupture sans fin. En réalité, c'est la mort de Burton qui empêcha leurs énièmes retrouvailles. Il s'agit d'une manière de vivre la relation sur un mode passionnel brûlant. Pensons aussi à Saint-Exupéry et à sa femme Consuelo, qui n'eurent de bonheur que dans leurs retrouvailles sur l'oreiller[17] et à bien d'autres… amants exaltés ne vivant que sous excitants.

Bien des fugues de quelques jours se soldent par un retour. Un moment, on pense que l'on a mille raisons de partir, puis on revient parce qu'on en a mille et une de rester, même si la dernière est chancelante.

Les adolescents en sont les principaux acteurs. « Je m'en vais parce que ça ne va pas, avec leur système éducatif trop strict » ; « Je reviens parce que, finalement, on mange bien à la maison. »

Pour les amants compliqués du « ni avec toi, ni sans toi », la rupture est parfois à répétition, pathologique. Je te quitte pour un oui pour un non, je reviens te chercher, je m'excuse, je promets que plus jamais ! En attendant, le couple vit dangereusement, marchant, tel l'acrobate, sur un fil. « J'ai passé mon enfance à craindre que mes parents se séparent, j'écoutais leurs disputes toutes les nuits, éveillé et anxieux. Le jour où mon père est parti, j'ai enfin pu me reposer, mais il était trop tard. Je ne supporte plus les disputes. » Voici une confidence d'un enfant de ces couples ravagés devenu adulte ! Toute sa vie, il a vu ses parents se séparer et se raccommoder. Il en garde une peur terrifiante des cris et des conflits, ce qui ne l'aide pas toujours à être ferme dans ses positionnements.

Enchaînés, ces amants qui ne parviennent pas à se quitter ? Oui et non. Voyons là plutôt une façon de remettre sans cesse leur relation sur le métier, de tester le lien, de faire réagir l'autre ! De créer du drame parce que la relation ne se nourrit que de cela, car sinon elle s'ennuie et s'étiole ! Toute une vie peut se faire ainsi, sous le regard lassé de l'entourage et des enfants, qui observent perplexes les grandes manœuvres des excités de la bagarre. Parfois, ces faux départs sont des répétitions du grand, du définitif, du vrai que l'on anticipe. On s'habitue à l'idée, on souffre, on s'essaie à vivre sans ce grand amour, on joue le détaché, on expérimente ! Si ces essais sont transformés, c'est parce qu'ils ont montré les failles de la relation dans ce jeu brûlant. Peu à peu, les partenaires y ont cru et n'ont pu enrayer le système.

L'IRRÉMÉDIABLE

Ferons-nous une comparaison entre les divers « virés », ceux de l'amour, ceux du travail ? Elle serait de mauvais goût... Mais souvent, ces deux types de ruptures contiennent les mêmes ingrédients : désespoir, injustice, révolte... Suicide, oui... comme les amoureux déçus et désespérés.

Beaucoup de quittés amoureux menacent de se suicider. Nous avons parfois eu ce genre d'appel au secours. « Ma fiancée me quitte, je vais me jeter à l'eau. » Sans rire nous répondons : « Venez vite nous voir, il y a certainement une meilleure solution. » Heureusement, les passages à l'acte sont bien moins nombreux que les menaces proférées ! Les chantages conscients ou inconscients s'oublient rapidement.

Néanmoins, on ne peut exclure les drames, et ces dernières années ont été le mauvais théâtre de suicides dus à des exclusions professionnelles. Et que dire des crimes passionnels où l'être aimé qui s'échappe est zigouillé par l'abandonné, devenu criminel : « Jamais sans toi ! Je préfère te voir mort ou morte ! »

Sous l'emprise de la passion, certains sont capables d'imaginer des solutions extrêmes pour se soustraire à leur peine, aveuglés, comme dans les drames antiques.

Antoine a dit, un mauvais matin, à sa femme (avec une tranquille détermination qui montrait combien elle était irrémédiable), qu'il la quittait. Peu de temps après, elle s'est jetée en bas du pont. Dans sa lettre d'adieu, elle souhaitait que ses cendres soient répandues dans la baie où son mari avait coutume de pêcher. Demande grandement symbolique ! Pour qu'il ne l'oublie pas le reste de sa vie ? On est en droit de présumer la culpabilité d'Antoine... On imagine qu'il faut une bonne dose de philosophie pour accepter qu'on ait le droit de décider de partir quand on n'est pas heureux, et de se supprimer... pour la même raison. Amère définition de la liberté de chacun !

Un seul être vous manque... certes, nous connaissons la suite, mais ce sont là des mots de poète (nous ne vous ferons pas l'affront de vous rappeler lequel) ! Gardons-nous bien de mourir d'amour !

Gardons-nous bien de tuer par amour. Les faits divers nous signalent tous les jours des cas dramatiques où l'homme, affectivement blessé, assassine en partant toute sa famille. Geste immature et possessif en diable ! « Tu ne continueras pas sans moi. »

Le départ d'Ann ne fera ni la une des journaux, ni la rubrique nécrologique, comme certains « vrais » cas terrifiants où l'on apprend un beau jour qu'un bon père de famille (en proie à la déraison) choisit odieusement de rayer et de supprimer tout ce qui l'entoure.

Il y a quelques années, en France, nous avons suivi avec effroi ce fait divers atroce qui est devenu « l'affaire Jean-Claude Romand », que nous mentionnions déjà dans les chapitres précédents[18]. En 2011, une histoire semblable[19] s'est déroulée. Le scénario était le même. Il s'agit, dans les deux cas, d'hommes insatisfaits, en rupture personnelle et professionnelle, qui, ne pouvant se résoudre à avouer qu'ils ont triché et assumer leur échec, tuent leur famille au moment où celle-ci va obligatoirement connaître leur vrai visage. Un choix extrême qui fait fi de l'existence de tout Autre. « Pauvres choses » dont il faut se débarrasser afin qu'elles ne prennent conscience de la triste réalité : mon père, mon mari, n'est pas ce que je croyais, il n'est pas cet être admirable, mais un minable usurpateur… Réalité implacable que le tueur ne peut assumer et qui le pousse à tuer en série les enfants, les parents, l'épouse, pour les deux meurtriers en question.

Le premier finit sa peine en prison après avoir raté son suicide. L'autre s'est évanoui dans la nature comme ces soldats nazis qui, effrayés par les punitions qui les attendaient, se sont dissous ou perdus dans le vaste monde ou les forêts de l'Amazonie.

Dans le film *Partir*[20], l'épouse adultère avoue à son mari qu'elle ne choisira pas entre ses deux hommes. Cet homme humilié va déchaîner sa violence contre les amants. « Tu nous affames ! », lui reproche-t-elle et c'est bien effectivement ce qu'il fait pour la contraindre à revenir au foyer. La femme tuera le mari qui la retient en cage. Toute sa haine contre son geôlier éclate, comme le coup de carabine qui claque dans la nuit !

Apprenons bien que l'on ne peut pas empêcher l'autre de partir quand il le souhaite véritablement, ni le retenir contre son gré, ni le soumettre par la contrainte, la violence morale ou physique. *Agir ainsi c'est s'exposer à le perdre de plus belle et à se perdre aussi.*

Le crime passionnel fait souvent l'objet d'une législation particulièrement complaisante. On admet, dans nos pays latins, que la passion amoureuse fait perdre le contrôle de soi dans les cas extrêmes. Il est moins sévèrement puni que les autres types de meurtre, que ce soit par la loi (lois d'exception) ou seulement dans les faits (circonstances jugées atténuantes). En France, par exemple, il est l'une des formes d'homicide que l'on pardonnait jusqu'à maintenant. Un nouveau regard moins indulgent gagne du terrain, et surtout, range ces actes dans le compartiment de la folie.

C'est dans ce chapitre de la rupture que nous aborderons *le choix de l'avortement.* Bien sûr, ce n'est pas pour le critiquer, nous pensons même que ce droit est une avancée majeure du XXe siècle, mais pour en souligner les difficultés d'usage. Les raisons qui le motivent sont longuement débattues lors de nombreux entretiens au Centre de planning familial. Avec ses quelque 220 000 interruptions de grossesse (IVG) par an, la France bat tous les records européens. Nous avons quelques chiffres pour nos amis du Québec, qui nous indiquent une assez semblable proportion (30 000 par an). Que subir un avortement soit une décision difficile à prendre n'étonnera personne. Que sa réalisation soit permise et encadrée ne résout pas l'angoisse de la décision, accrue par le sentiment que cet accident-là aurait pu être évité avec une contraception adaptée.

Les questionnements sont multiples et propres à chaque cas. Personnels parfois, car le géniteur n'est ni informé, ni questionné. Pas plus que les parents des mineurs, puisqu'un seul référent majeur suffit, et c'est très bien ainsi. En fait, la décision peut se résumer en une phrase : « Pas le moment, pas le bon partenaire. »

Le seul intérêt de cet épisode douloureux, selon les témoignages des médecins et des psys, est souvent la prise de conscience que ce choix est grave et ne doit pas se reproduire. Pour la bonne santé physique et psychologique de tous. Ils essaieront en même temps de délivrer le bon message contraceptif et les moyens pratiques qui vont avec. Un choix moderne et sans risque, acquis de haute lutte par les femmes de la génération précédente. Car en fait, c'est dans le choix de la contraception bien menée que se trouve la liberté. Nous ne dirons jamais assez combien nous sommes reconnaissantes envers Simone Veil et tous les parlementaires qui ont voté la loi pour la légalisation de l'avortement. Un choix légal et un « enfant si je veux » donné à tous !

Une liberté à conserver. Une culpabilité à avaler ! En effet, nous savons que les quelques jours suivants seront douloureux, même si la décision a été très bien réfléchie. Le poids des traditions ne s'efface pas en si peu de temps, l'avortement reste encore synonyme de mauvaise action. Certains pays très développés mènent, pour des raisons religieuses, des campagnes scandaleuses où l'avortement est considéré comme un meurtre. Comment vivre sereinement ce choix difficile dans l'opprobre et le regret ?

Certaines (rares) mères choisissent plutôt d'abandonner leur enfant après leur naissance. Tiphaine témoigne : « Notre mère a placé ses enfants les uns après les autres à l'orphelinat. Toute mon enfance s'est passée dans des établissements d'accueil. Je suis la seule des quatre enfants qui soit relativement équilibrée. J'ai un frère toxicomane. Une sœur qui va d'homme en homme. J'ai réussi à créer ce que je n'ai pas eu : une famille qui fonctionne, des enfants heureux. Et j'ai un travail qui me plaît. Mais au fond de moi, je conserve cette haine. Ma mère a refait sa vie et a eu de nouveaux enfants qu'elle a gardés. Je n'ai jamais cherché à la connaître ni compris cette injustice. Pourquoi eux et pas moi ? »

Nous n'allons pas cautionner les comportements des « abandonnants »... Nous dirons simplement que nous devons éviter les critiques définitives, car nous avons compris, en les écoutant, qu'au moment où ils ont abandonné leurs enfants, ils ne pouvaient faire autrement psychologiquement. Dans ce type de rupture, c'est son propre malaise, cette impossibilité d'être parent qui conduit le bal. Nous vous entendons : Ah ! Mais quels parents n'ont pas éprouvé, certains jours, le poids écrasant de la fonction sans pour autant se transformer en fuyards ? Ont éprouvé, oui, mais ont pu continuer malgré tout, vaille que vaille… aucun cas ne ressemble à un autre.

LE CORPS QUI PARLE

Coût psychologique, coût physique, dit-on habituellement ! Parfois, le choc des ruptures (pour le « rompant » comme pour le rompu) est si rude que le corps devient malade. On le sait, le chagrin coupe l'appétit et tient en éveil, disent les statistiques ! Sept à dix kilos en moyenne. C'est le poids à payer. Le sommeil s'échappe avec et les nuits se passent à ruminer et à élaborer toutes sortes de vengeances ou de projets. Cependant, comme nous l'avons mentionné précédemment, gardons-nous d'établir sur-le-champ avec certitude des liens de cause à effet trop stricts, qui inquiéteraient trop.

Les « rompus » décrivent des symptômes très physiques, la sensation d'avoir été roués de coups, des spasmes musculaires, des contractions douloureuses du dos et de tout le corps, une immense fatigue. « Des coups de barre, comme des coups de buttoir. J'avais l'impression d'être démolie, abattue au sens premier du terme », dit Patricia. D'autres décrivent le froid de la rupture. Comme si leur sang se glaçait. Le froid de la mort, parce que quelque chose est mort ou en train de mourir.

Parfois, au contraire, on se crée des maladies pour demeurer. Dominique s'ennuie avec sa moitié, du moins c'est ce qu'il dit. Il a une liaison qui dure depuis longtemps avec une femme qui est comme une seconde épouse. Mais dans sa culture, on ne quitte pas sa première épouse… Alors cet homme partagé a eu une maladie de cœur (!), puis son dos est devenu douloureux, il est paralysé depuis des mois et surtout… malade. Ainsi, il reste à la maison ! On ne peut pas partir dans un tel état courir avec sa nouvelle fiancée !

La médecine du travail est très à l'écoute des manifestations psychosomatiques liées à des changements imposés. Dépressions, suicides, nous l'avons vu, sont souvent les résultantes de ruptures d'habitudes de travail ou de changements de poste. Sans aller vers ces solutions extrêmes, certains rompus tombent malades et se retrouvent dans l'incapacité d'assurer leur travail, mais n'ont pas le courage nécessaire pour le reconnaître, ou sont pris de panique en imaginant le quitter. Simon est entré dans l'administration, où il ne tarde pas à étouffer. Alors, lorsque s'achève son contrat, il décide de quitter cette sécurité « maternelle » pour démarrer sa propre entreprise. C'est un méthodique, un volontaire, un homme d'action. Tout se présente bien, mais au jour J, il est la proie d'une effroyable crise de tétanie qui rigidifie son corps, au point qu'il se renverse sur le sol, comme un arbre déraciné par la tempête. Une sorte de « tétanie » de la peur !

Rompre avec ce que l'on connaît pour se lancer dans l'inconnu est moins aisé qu'on l'imagine. Il faut y penser quand nos critiques acerbes fustigent ceux que nous avons précédemment nommés les immobiles.

Certains décrivent la rupture subie comme une amputation et racontent que ce fantôme persiste à leur faire mal, alors qu'il n'est plus là. Il y a, chez Inès, la blessure de la perte d'une maison, car sa vie s'était construite autour de cette haute bastide. Celle du couple et de ses deux enfants. Elle avait rêvé et le rêve s'était incarné. Il était devenu pierre, poutres, fenêtres, fer forgé. Quand son mari est parti, il a fallu aussi se séparer de la maison. Comment se dire que ce n'était qu'un tas de pierres, alors que c'était l'abri d'une vie qui disparaissait, d'une signature au bas d'un acte notarié.

Éliane a vécu quelque chose de pire encore. Son mari est parti sans donner de nouvelles, ni laisser d'adresse. Elle a eu la mauvaise surprise de découvrir, en allant consulter son notaire, que les papiers avaient été déjà faits… pour la dépouiller. « C'est ce jour-là que j'ai perdu ma maison. Alors, je suis rentrée. Étendue sur la pelouse, j'ai mesuré tout ce que j'avais investi dans cette bâtisse. J'étais comme un arbre arraché par la tempête, abattue. » On a bien envie de l'entendre dire : « C'est ce jour-là que j'ai appris que certaines âmes pouvaient être viles et vulgaires. » À la stupeur s'ajoutait la trahison. Les objets inanimés peuvent avoir une âme ! Quand le tracé de l'autoroute ou d'un TGV doit les raser, ce sont les souvenirs, les habitudes, les liens d'une vie entière qui disparaissent.

Manuel nous a déjà expliqué son choix sexuel. Notre ami l'a reconnu très vite et accepté ce qu'il voulait être. Certains n'ont pas eu cette perspicacité et font parfois l'amère expérience d'un *coming out* qui dérange une situation bien établie. Une rencontre ou une situation de mal-être persistant, des mensonges de double vie dont on ne veut plus et c'est l'aveu dérangeant ! Nous avons suivi ces hommes et ces femmes aux prises avec les tourments d'une rupture nécessaire pour eux-mêmes, mais insupportable pour leur entourage. La plupart du temps, la tempête est partout. Chez l'abandonné horrifié de cet Autre qu'il découvre... chez le rompant, coupable de n'avoir pu continuer à « donner le change », comme nous l'a confié un ami de Manuel.

Bien sûr qu'un jour, passé le chaos, le K.-O., la tornade, le monde reprendra ses couleurs. Nous apprendrons même à regarder autrement et à en sortir grandis. Certains détails de la vie, qui nous avaient peut-être échappé, nous soutiendront. Est-ce à dire qu'il faut rompre avec les êtres et les choses pour trouver ou retrouver une sensibilité et une acuité au monde ? Nous n'irons pas jusque-là. Reste que les ruptures nous mettent dans un état d'instabilité, de fragilité et d'urgence qui aiguise nos perceptions, nous rend plus humains, plus tendres, plus ouverts aux autres. Elles génèrent parfois un nouveau souffle, de nouvelles énergies, une réorganisation de notre vie. Mais avant cela, un petit travail est nécessaire. Il faut prendre son temps pour réfléchir, penser (panser), mesurer, pleurer, lessiver. Cela se fait dans le calme et la solitude. On ne peut guère en faire l'économie si l'on veut repartir sur des bases saines.

ALORS, LES PSYS... UN CONSEIL DE RUPTURE ?

Non, on ne sort pas indemne d'une réflexion sur les grandes ruptures. Qu'auriez-vous fait, vous qui comprenez les comportements humains, est encore la question brûlante que vous nous poseriez si nous dialoguions… ? La réponse sera la même que dans les chapitres précédents.

Nous aurions sûrement fait la même chose que vous en de pareilles circonstances, si toutefois vous êtes convaincus que toute action réfléchie a un sens, et si vous n'êtes pas du genre « au hasard Balthazar ». Si, comme nous, vous savez que le choix libre peut et doit nous conduire à rompre. Rappelez-vous ceux qui nous ont dit : « C'était une question de vie ou de mort. » C'est ainsi que nous avons placé le sens profond de toute rupture. *Elle est indispensable même si elle est coûteuse.* Nous n'oublions pas non plus que toutes les ruptures ne sont pas des fuites ou des révoltes. Certaines, nous l'avons vu, sont bien analysées et résultent d'une longue réflexion. Dire : « J'ai travaillé dix ans dans ce lieu, j'ai besoin de changement » ne ressemble pas à la pratique de la table rase et porte plutôt l'espoir d'un renouveau, la curiosité saine du changement et la recherche aiguë de ses possibilités.

Entendons-nous bien encore sur le mot « indispensable ». Nous ne sommes vraiment pas les championnes de la nécessité de cassure et craignons énormément la violence qui l'accompagne, mais positives en tout, nous qualifions quand même ces nouveaux départs de *salutaires*. Salutaires, dites-vous ? Alors comment des psys qui doivent raccorder des fils d'harmonie peuvent-elles dire que l'on doit fuir au moindre pépin et se comporter de façon aussi radicale que notre héroïne Ann ? Serions-nous en désaccord avec ceux qui décident de rester, comme le fait, au nom du devoir, notre héroïne de Madison ?

Non, nous ne pouvons juger les deux démarches. Celle-ci a décidé de rester, l'autre a décidé de partir. Évidence idiote, dites-vous ? Différence essentielle. L'une savait qu'elle pouvait se retrouver et continuer sa vie sans ce nouvel amour bien mieux qu'en le suivant, même avec le prix des regrets à payer ! Celle qui est partie savait que sa situation n'avait plus de sens ou qu'elle était intenable.

Nous avons consacré du temps aux ruptures amoureuses. Elles ne sont pas les plus graves, même si quand on quitte, ou quand on est quitté, il semble que la terre s'effondre. Les ruptures familiales sont autrement féroces, voire inoubliables. Ne dit-on pas que chagrin d'amour ne dure qu'un moment? En famille, les ruptures font des ravages, car elles touchent des liens qui ne devraient jamais se rompre!

Les liens familiaux *ne devraient jamais se rompre,* mais l'adage dit aussi qu'on ne choisit pas sa famille... Des inimitiés étranges peuvent naître. La jalousie des membres d'une fratrie est légendaire depuis qu'Abel a tué Caïn, et, sans aller si loin, on voit bien les enfants *compter... dans tous les sens du terme.* Regarder avec envie ou mépris le favori! Maudire les parents de ne pas avoir été choisis. Le mal-aimé ne pardonne rien et se noie dans la jalousie. Les romans et les films sont friands de ces conflits et en donnent d'incessants témoignages. Père, ou mère, rejeté parce que donnant la préférence à l'un des enfants, frères oubliés parce que favorisés... Pères et mères rejetant leur enfant décevant! Rompre avec son père, sa mère, c'est rompre avec tout ce qui nous constitue, renoncer à cet amour soi-disant inné des parents, supprimer nos racines, oublier notre histoire. S'en remettre est difficile.

Les parents raisonnables devraient s'abstenir de toute rupture, au nom justement de leur statut de parent[21]. C'est une loi juste, très souvent oubliée. Par les pères surtout! Peut-être parce que la fonction de père est difficile à mener et toujours incertaine, les oublieux laissent tomber l'enfant, quittent le foyer sans laisser d'adresse[22]. Ruptures injustes et cruelles de la table rase, car ces mêmes pères sans mémoire peuvent recommencer leur vie sans vergogne, comme la maman de Tiphaine dans une autre tranche de vie, avec une autre mère pour d'autres enfants!

Seuls les enfants maltraités ont le droit de se rebeller. Notre société le permet, puisqu'elle décide, par le biais d'organismes compétents, d'écarter les parents... incompétents. Adultes, nos grands enfants ont aussi le droit de s'extraire d'une tutelle ou d'une surveillance excessive. Ils ont le droit de choisir la vie qui leur plaît sans le consentement des parents. Choix souvent très difficile à concevoir pour des parents envahissants ou autoritaires.

Dire « Tu n'es plus de notre monde, tu n'es pas ce que nous souhaitions, tu nous déçois ! », amène forcément vers le clash... Et des réponses vives d'autre part : « Tu ne m'as jamais aimé, tu ne supportes pas ce que je suis ! », qui iront remplir les pages des ressentiments et les lettres de désespoir dans le tiroir des bureaux !

Vivre dans ces ruptures-là rend boiteux, et surtout, prend de l'énergie qui serait mieux employée ailleurs. Elles laissent surtout supposer, ce qui est plus grave, d'autres ruptures et d'autres brouillages assez semblables dans toutes les autres relations à venir. Nous avons largement insisté sur la rupture définitive et brutale d'Ann avec son mari, sa maison, sa vie d'avant. Nos amis interrogés ont du mal à comprendre ce personnage, malgré la fabuleuse interprétation cinématographique d'Isabelle Huppert, lointaine et imperturbable après le fameux cri ! Pourquoi ce grand renoncement si subit, pourquoi cette île sauvage et ce dédain pour tout ce qui a été ? Pourquoi ce mari congédié sans explication ? Cette attitude est pathologique, non ?

Tout s'éclaire si on relit quelques pages du livre : « J'ai perdu mon temps avec des hommes qui ne m'aimaient pas », dit-elle. Dans cette évocation douloureuse, il est aussi question d'un père qui l'a abandonnée. Plus tard, père et fille dînent ensemble, avec de la langouste au menu, l'air est glacé. Elle dit : « Et qu'est-ce qui te fait croire que je ne suis pas aussi seule que tu prétends l'avoir été ? Qu'est-ce que tu sais de moi ? Tu n'as jamais voulu le savoir.

– Ne crie pas, je déteste ça.

– Je fais ce que je veux. Je crie si je veux. Je dis que tu aurais dû rester. Tu aurais pu rester. Tu aurais pu au moins faire un signe… Faire comme les gens normaux ! »

Plus tard sur la plage, elle entendra cette phrase terrible : « Tu es née mais je n'ai pas vraiment pu survivre à ta naissance, ni à la mort de ton frère.

– Papa, tais-toi. Je crois que tu me fais du mal. »

Tout est dit, notre explication de texte peut se terminer. Ann fuit tout amour parce que son père l'a abandonnée, et qu'il l'abandonne encore en ce moment. Elle fuit parce que c'est trop éprouvant de constater l'échec de ses relations et qu'elle perçoit les dommages qu'il cause dans sa vie de femme.

« Alors ils se promirent de ne plus se voir. » D'un commun accord, père et fille conçoivent, comme nous l'évoquions plus haut, que la rupture, dans certains cas, est préférable. Troisième rupture ! Éternel recommencement fataliste, répétition morbide ?

Tant que les maux ne s'apaisent pas, pourquoi pas ! Il y a des fuites salutaires, indispensables. Les classera-t-on dans la rubrique des échecs ? Bien évidemment, mais avec une résignation de bon aloi. Ann ne verra plus son père mais, même amputée, elle vivra. Elle composera avec ce manque. Mieux qu'avant ? Pour certains qui en témoignent, oui.

Nous ajouterons que même dans les pires situations, il y a toujours des possibilités de résilience ! Car la grâce de l'amour a un jour existé... au moins au début... au moins de temps à autre ! Nous l'espérons et nous espérons toujours que ces jolis souvenirs persisteront. Nous croyons au temps qui polit les aspérités, nous croyons au travail que notre inconscient poursuit. Nous pensons que la réconciliation viendra, au moins au moment de la grande séparation. On a tous entendu les récits de ces pardons tardifs à l'heure de la mort. Dommage qu'ils aient mis tant de temps à venir, que tant de temps ait été perdu ! Les maux s'apaiseront, espérons-nous, remplis d'optimisme ! Parce que les combattants perdront l'idée même de leur guerre. Alors la rupture consommée se transformera en nostalgique souvenir ?

EN RÉSUMÉ...

Sur ces difficultés à mener à bien ces choix multiples, nous pouvons témoigner, parce que nous les avons, comme vous, plus ou moins testées ! (Ce n'est pas parce que nous sommes auteurs que nous ne vivons rien.)

Testées, comme il se doit, en nuits blanches et ruminations intenses. Rien n'est plus compliqué que de se retrouver seul avec sa décision en panne et les multiples possibles. Au point que les plus mécréants en viendraient à perdre l'esprit et à jouer à pile ou face, ou consentiraient à faire brûler un cierge sous la statue de sainte Rita... ou à jouer aux fléchettes. Vous savez tout maintenant sur le chimpanzé et l'histoire des fléchettes ? Le plus difficile sera de se procurer le chimpanzé, mais aimerez-vous son lancer de fléchettes sur vos fiancés ?

Vous avez bien compris qu'il faut oublier la magie et toutes les théories qui affirment que l'on ne peut rien contre son destin. Le destin est à notre portée et souhaite qu'on le dirige. Cette évidence n'est pas partagée par tous, mais on vous conseille de l'adopter ! Ce qui ne vous empêchera pas de jouer comme des gamins à pile ou face si vous êtes, comme nous, frondeurs et provocants ? Rassurez-vous tout de même, pour les grands choix, nous avons souvent fait semblant de jeter notre pièce ou n'avons pas obligatoirement validé ensuite le résultat obtenu.

« On parie que je vais aller voir Martin ce soir ? » Pile ou face. On rit de la réponse de la piécette. Dire : « Pile... je change de job, face... je me contente du mien » n'est pas une attitude digne d'une personne sensée. Vous ne confierez plus, désormais, votre sort à la superstition ou au hasard et nous savons que le jeu de pile ou face est un problème de probabilités mathématiques. Quant à prier sainte Rita, nous ne le ferons pas, car elle est la patronne des causes perdues ! Ce qui est déjà traumatisant. Nous voulons un saint des causes gagnées ! Dieu, peut-être, mais il est si loin... et il a bien claironné qu'il fallait se débrouiller tout seul. Souvenons-nous de son fils Jésus souffrant et questionnant : « Père, pourquoi m'as-tu abandonné ? » Le silence de Dieu nous rend à notre liberté et à notre solitude.

Ne comptez pas sur nous, même si nous avons confessé une certaine sympathie pour les bonnes voyantes (revenez au bon chapitre), pour vous conseiller d'aller en voir une. Nous reconnaissons leur savoir-faire et leur grande subtilité psychologique, mais nous ne voulons pas de gourou, ni de personne qui décide pour nous. La roulette russe n'a rien de séduisant non plus, sauf dans les romans russes, où elle reste diablement romantique. Nous vous rappelons qu'il n'y a qu'une balle dans le barillet, mais que rien ne dit qu'elle n'est pas pour vous. Pour une dette de jeu, ne tentez pas le diable, on se remet terriblement bien de la honte et du déshonneur au XXIe siècle.

CHOISIR VITE ET BIEN EST VOTRE SOUHAIT

Vous souhaitez, comme nous, mener votre vie avec votre seul entendement, quitte à régler *cash* vos bêtises et vos erreurs ? Ce bon viatique et un esprit rationnel poussent à se poser deux questions utiles. Y a-t-il une recette pour choisir vite et bien ? Êtes-vous content de vos choix ?

Deux questions suivies d'un conseil. Quand votre choix est fait, n'ayez ni remords ni regrets et, s'il ne convient vraiment pas, changez !

S'il n'y a pas, à notre grand regret, de recette toujours opérationnelle pour choisir vite et bien, cela ne veut pas dire pour autant qu'il n'y a pas un « truc » et des petites ficelles. Voulez-vous savoir ce que nous faisons, nous, les psys, quand nous sommes devant plusieurs possibilités ? Demandons-nous conseil aux plus sages, aux expérimentés ?

OUI ! Mille fois oui ! Non pour le copier ou faire ce qu'ils nous diront, car on rentrerait alors dans le chapitre des moutons de Panurge, mais parce que parler de sa panne de choix aide à la relativiser, et fait parfois découvrir les zones d'ombre, même si l'ami ne dit pas grand-chose et ne les débusque pas lui-même. Il peut même prononcer, dans son innocence, le seul mot qui fait sens ! Une interrogation, une incompréhension de sa part qui nous amènera à clarifier notre pensée et nous montrera où est le nœud. Ensuite, les expériences des autres (même si on dit communément qu'elles ne servent à rien) servent de témoignages et font augurer de certains possibles. Nous avons tous en tête des réflexions ou des phrases prononcées par des proches qui nous ont aidés à progresser. Des situations que nous avons approchées, qui nous ont donné quelques leçons. Notre expérience se nourrit de ces échanges. Il faut écouter, même s'ils nous barbent, les conseils de ceux qui ont ouvert le chemin et essayé de garder ce qui pourrait nous concerner. Pour faire semblablement ou le contraire, c'est selon.

Il faut aussi essayer de choisir le bon confident. La tâche n'est pas facile, car il doit être neutre ou peu impliqué dans les résultantes de votre choix. Si vous dites à votre mère que vous allez balancer travail et pays pour aller conquérir un autre monde, n'attendez pas des applaudissements. Pour elle, trop de périls sont en jeu. Elle va vous perdre au loin, vous imaginer faisant la manche à la porte des églises, supposer tous les dangers qui vous menacent ! Sauf si elle a fait les chemins de Katmandou à pied pendant son jeune âge ou si elle a traversé la Manche à la nage, ce n'est pas elle qui va vous aider... Elle sera à peine compréhensive, si vous avez un beau projet bien ficelé, bien exposé. Donc, avant de parler, choisissez aussi votre *interlocuteur*. Un mari éconduit n'est pas la bonne personne à qui parler de projets d'avenir dont il est exclu !

Le choix du mauvais interlocuteur peut être un acte manqué dissuasif dont vous vous servirez pour ne rien faire. Votre très chère copine Janine n'aimera pas vous voir partir avec Paul, parce que Paul habite loin et que votre départ là-bas serait pour elle une grande perte ! Elle n'aura qu'une idée : vous retenir, surtout si elle vous aime.

LA DOUBLE LISTE

Un très joli livre, au titre bien pensé, vient de paraître en France. *La liste de mes envies,* de Grégoire Delacourt, répertorie les envies d'une brave dame qui vient de gagner au loto ! Eh oui ! Encore une veinarde. Mais contrairement à notre Maria, celle-ci ne sait que faire de cette manne et établit une liste probable, tout comme nous le préconisons. Elle lui prouvera très vite où sont les « indispensables ! » Ne sont indispensables ni les sacs Chanel, ni les écrans plats ! On s'en doutait un peu... L'indispensable, c'est l'amour !

Essayez donc, comme elle, de faire votre liste, mais avec deux colonnes, pour décider ce qui vous est indispensable dans toutes les possibilités offertes.

Nous faisons des colonnes sans arrêt. Nous adorons faire des colonnes de « pour » et de « contre » ! Avec toujours les « pour » à droite et les « contre » à gauche : la plus fournie gagne. Le choix est facilité.

Cette manière, menée de façon honnête, peut prendre du temps, car il faut essayer d'y intégrer les « pour » et les « contre » les plus inavouables. Ceux qui nous assaillent la nuit et que l'on a oubliés au matin, par exemple, seront retenus ou pas. Toute apparition révélant de l'inconscient est très bienvenue.

Notre conseil est puéril ? N'en croyez rien, l'exercice est très traumatisant s'il est bien conduit. Vous le comprendrez quand vous vous surprendrez à constater, en les écrivant, que ce sont vos travers, vos impossibles terreurs qui causent ce questionnement et signent votre indécision. Car autrement, vous fonceriez comme un vaillant soldat sans peur et sans colonne ! Vous risqueriez votre peau sans drame. « Je ne suis pas bien ici, je vais ailleurs » ; « Je désire changer » ou « Je ne suis pas contre le changement » serait votre credo, votre évidence. Avec cette conclusion en forme d'espoir : « Qu'importe, comme les chats je retomberai toujours sur mes pattes, car j'ai confiance en moi. » Vous avez bien compris que quelles que soient les motivations qui vous animent, le choix s'accompagnera d'une peur sournoise.

Résistance au changement… ponctuent nos amis sociologues ! Occasion aussi pour vous d'accéder peut-être à la part inconsciente de vous-même… disent les psychologues !

Si Maria, avant de tout liquider dans son pays d'adoption, avait fait sa liste, elle aurait vu deux gros clignotants. Elle aurait compris que pour ses deux enfants nés en France, habitués à la langue et à la culture françaises, le changement serait brutal. Le Portugal n'était pour eux qu'un lieu de vacances sans histoires et sans passé, alors que pour elle, il était ses racines. Elle aurait analysé la situation économique de sa ville, les difficultés prévisibles à trouver du travail pour son mari et elle-même… Elle aurait constaté combien la vie dans son pays d'adoption les satisfaisait. Bref, elle aurait fait comme tout bon commercial avant de s'installer : une étude de marché ! Au contraire des exilés qui sont poussés à partir parce qu'ils sont malheureux, les enfants de Maria ont jugé qu'ils quittaient un paradis pour une gageure. Nous ne dirons pas non plus qu'il fallait écouter les enfants, car ceux-ci, généralement très attachés à leur milieu et à leurs copains, détestent le changement ! Nous dirons seulement que l'adaptation nouvelle n'a pas eu de succès et qu'il était bien de rentrer.

ÊTES-VOUS CONTENT DE VOS CHOIX ?

Pour vous aider, nous allons encore redire qu'il n'y a pas de bons choix dans l'absolu, et qu'un choix se révèle bon ou mauvais après que la décision a été prise. Qu'il faut donc en accepter le risque. Pour cela, il est bon de faire un tour dans notre typologie de base. À qui ressemblez-vous ? À l'immobile, au casse-cou, au tricheur ? En souffrez-vous ? Si vous vous reconnaissez dans le caractère de l'immobile et si vous êtes heureux de votre sort, comme nous l'avons supposé plus haut, ne changez rien. Vous avez choisi la paix et l'ordre, tant mieux ou tant pis.

Si vous êtes soudainement mécontent, si vous jugez votre vie d'un ennui mortel, essayez de vous demander pourquoi elle l'est et, si vous jugez, après maints tourments, que cet état ne peut durer… changez-le. Certains y parviennent, pourquoi pas vous ? En général, ceux qui osent vous diront qu'il y a plus à gagner qu'à perdre, et souvenez-vous qu'il y a toujours, ou presque, un joker !

Quand nous parlons de joker, nous sommes prudentes. Ce sera un joker de bonheur, mais vous ne reviendrez pas obligatoirement à l'épisode précédent. Par exemple, si vous décidez de changer de boulot et si le nouveau ne vous plaît pas, il n'est pas évident que votre ancien employeur vous reprenne. Mais il est évident que vous pouvez changer encore une fois pour un troisième boulot… et trouver le bonheur enfin !

Vous pouvez aussi être las de vos coups de foudre et de tête, vouloir devenir plus… calme, oublier le libertin papillonnant que vous êtes pour bâtir enfin une liaison sérieuse. Vous avez du pain sur la planche. Il faudra oublier tous ces coups de grisou qui, jusqu'ici, ponctuaient votre vie. Ces émotions fortes pour lesquelles vous vous damniez ! Une vie de moine vous attend mais si c'est maintenant votre désir ! Foncez. À tout moment vos choix peuvent se remettre en question. Certains seront de bons choix, d'autres...

Si, toutefois, vous décidez de changer, n'oubliez pas que demain peut s'avérer difficile, mais qu'il peut aussi être porteur de mille joies. La voyante n'en sait pas plus que vous. Économisez votre argent.

DEMAIN PEUT-IL S'AVÉRER PIRE ?

Cette peur du changement tant raillée est avant tout un état normal et transitoire que nos vaillants sujets devront apprivoiser.

Comment sera demain ? Voilà la crainte raisonnable à évaluer, surtout... quand on avoue que changer est une question de vie ou de mort... Les optimistes diront d'emblée que demain ne peut être pire. Êtes-vous de ceux-là, ou avez-vous les idées noires ?

Les ruptures de la vie commune nous jouent parfois de mauvais tours. On souffrait d'espoirs déçus, on y met fin et, par un méchant concours de circonstances, l'époux lâché, simplement insignifiant, se révèle odieux et va vous gâcher quelques années ou vous mettre financièrement sur la paille, ou ce nouveau travail, obtenu après tant d'obstination, se révèle difficile à cause d'une collègue insupportable !

Espérons que jamais vous ne serez amené à penser : « Finalement, ce n'était pas si mal, au moins j'avais des compensations », car ce serait trop de compromissions avec vous-même. Que jamais la nostalgie ne vous voile la face en vous causant des regrets. « Oui, dans ce métier que j'ai laissé, j'avais la sécurité de l'emploi. Depuis que j'ai ce nouveau boulot, tous les matins l'angoisse me réveille. » La personne oublie de dire que, passé le petit moment d'angoisse, toute sa journée est un défi étourdissant qui lui fait même oublier les heures et que cela n'a rien à voir avec l'ennui qu'elle ressentait avant.

NON, RIEN DE RIEN, JE NE REGRETTE RIEN !

Après ces remue-méninges, si vous regrettez votre choix, c'est que vous avez la plupart du temps la mémoire courte. Ou un début d'Alzheimer qui vous pousse à oublier combien vous souffriez avant. Nous avons recueilli quelques fameux témoignages de retrouvailles qu'on espérait autres. Voici l'un d'eux.

Oubliant toute sa rancœur et souhaitant qu'entre elles la rupture s'achève, Emma décide de passer trois jours avec sa mère. « Je pars, sûre que cette fois-ci nous allons filer le parfait amour ! Hélas, dès mon arrivée, la première phrase échangée me prévient que, cette fois encore, il n'en sera rien ! » Et si l'on voit parfois quelques couples se reformer après des années de séparation, la plupart de ceux qui ont essayé ont senti le fiasco dès le premier rendez-vous. Au point que si, par un triste jour d'automne, vous avez le blues de « la vie d'avant », nous vous conseillons de donner rendez-vous à votre ancien partenaire et d'essayer de passer une heure à bavarder avec lui. Si vous avez encore son numéro de téléphone, bien sûr, et s'il ne vous a pas déjà enterré, tentez le diable, revoyez votre ex ! Alors, pas si formidable que cela, n'est-ce pas, la personne qui vous a quitté ?

Dès la première minute, vous reverrez, tel un *flashback* de film, combien elle a des défauts qui vous insupportent. Si vous n'osez la revoir parce qu'elle vous a enterré, faites travailler votre mémoire ! Ne vous a-t-elle pas soumis à une pression exagérée ou à quelques humiliations pendant votre vie commune ? N'était-il pas pingre ? N'était-elle pas une coquette qui aurait fait du charme à un réverbère ?

Oui, c'est un méchant ! Oui, c'est une perverse ! Ah ! Ça va déjà mieux… Et hop ! Quelques pleurs pour finir ! Servez-vous ensuite un bon chocolat chaud et partez au cinéma, il y a sûrement un film sur les joies de la séparation.

Chacun fera son deuil à sa manière. Tant qu'on ne tue pas le chien, tout va bien ! (Nous ne disons pas ceci à la légère. Cette menace a été proférée par une femme abandonnée qui, voyant que son amoureux n'entendait pas raison, voulait écraser le chien ! Foi d'avocat, fort ennuyé devant la violence des relations entre ses clients) !

Faire le deuil, c'est quitter ce qui nous a quittés, laisser se détacher et se détacher de ce qui se détache, recommencer et revivre. Ceux qui écrivent le savent, comme les bons lecteurs. Pour avancer, il faut savoir tourner les pages et clôturer les chapitres pour que l'histoire continue. Sinon tout se fige. L'énergie est bloquée, comme pour l'anticyclone. C'est la dépression.

Si ces petites ficelles échouent à vous ragaillardir, c'est que vous avez été inconscient ou étourdi lors de votre « mauvais » choix, et qu'il s'agit de remords.

Ces cas de figure existent et nous espérons ici vous mettre en garde contre les décisions dites « mal choisies ». Voici un exemple de mauvais choix amoureux, comme on en trouve dans les romans de gare. Lisa s'ennuie dans sa vie bien rangée (inventez le reste : un mari très occupé, les enfants en partance, pas de boulot). Un jour passe un jeune guitariste qui lui explique combien elle est à plaindre dans cette vie sans couleurs. (Toute ressemblance avec Emma Bovary...) et hop ! les voilà galopant dans les night-clubs, notre Lisa fantasmant sur sa vie ratée et sa jeunesse perdue et souhaitant ardemment autre chose. Voilà Lisa quittant sa prison pour un avenir doré. Déception, le carrosse est citrouille ! Sa jeunesse soi-disant perdue, ses espoirs déçus le sont à jamais et le tout meilleur actuel s'effondrera, comme son soufflé des jours de fête. Illusion fatale et immature. Ce n'était pas l'amour que Lisa cherchait dans ce départ, mais son propre épanouissement, que le meilleur des guitaristes ne lui donnera pas. Elle a confondu son souhait de nouvelle vie personnelle avec nouveau partenaire. C'est elle qui doit cheminer et qu'importe le partenaire, qui n'y est pour rien, sauf à servir de leurre ou de bouc émissaire. Vous tous, qui attendez un conseil, essayez donc de ne pas vous tromper de désirs. Quitter une situation parce qu'on l'a mal analysée est juste un *délit de fuite.*

À vrai dire, ce passage à l'acte maladroit ne nous paraît pas non plus sans intérêt. Il révèle quand même un ennui profond, il prévient du risque de l'enlisement de la situation. Un autre rebond peut survenir, et les soi-disant échecs deviennent alors formateurs.

Il nous signifie surtout qu'il ne faut pas se tromper dans l'analyse de nos états d'âme, que l'exercice est d'autant plus difficile que nous nous mentons aisément, que nous ne voulons pas faire émerger les vérités gênantes qui nous seraient utiles, que la mauvaise foi est notre lot !

NE PAS RETOMBER DANS SES TRAVERS ! LA LOI DE LA RÉPÉTITION

Nous peinons à bien analyser nos désirs ? Est-ce pour cela que la pathologie de la « répétition » nous guette, même après la rupture ? Est-ce pour cela que la mémoire nous fait défaut ?

Certainement. Le précepte, nous le connaissons, mais nous l'énonçons encore : *Nous avons tendance à reproduire à l'infini nos comportements pathologiques.* Autrement dit, à retomber dans les mêmes fossés ! Parce que... Parce que ce sont *nos fossés à nous*. Nos fossés familiers.

Diable, murmurent les anti-psychologues forcenés, ce n'est pas la peine de dormir dix ans sur un divan pour énoncer cela ! Quel espoir alors, si nous retombons toujours dans nos travers, et quel crédit donner à la rupture avec de pareils soupçons d'éternels retours ?

Reprenons Lisa où nous l'avons laissée. Le guitariste est reparti vers d'autres aventures, la laissant seule et déconfite. L'épisode est à analyser.

« C'était mon choix » est à poser d'emblée. Non, le guitariste ne l'a pas entraînée de force, il a menti un peu en lui laissant croire qu'il était la solution de son ennui, mais elle avait envie d'y croire ! Comme elle, à l'instant du bilan, demandez-vous pourquoi.

- Cette personne était un leurre, pourquoi ?
- Vous vouliez y croire, pourquoi ?
- L'épisode est un échec, pourquoi ?
- Désormais seul, est-ce un mal ?

À vous de prendre le taureau par les cornes, après avoir répondu franchement. Le résultat est cette solitude non prévue ou cet emploi disparu, car les trois premiers éléments conviennent à toutes les analyses de mauvais choix. Nous avons choisi un exemple dans la sphère amoureuse, mais Lisa aurait pu être abusée de la même façon professionnellement. Souvenons-nous alors du chapitre qui dit: «Ce n'est pas ce qui advient qui est important mais ce que l'on va faire avec ce qui advient.»

Imaginez que votre meilleur ami vous ait fait une proposition alléchante pour une association d'affaires, du genre: «Toi, tu t'occuperas de la partie commerciale et moi de la gestion! À nous deux, on va faire fortune.» Que quelques semaines après, vous ayez démissionné de votre boulot alimentaire, gonflé d'espoir, pour découvrir, deux ans plus tard, après bien des tracas, que votre associé vient de se sauver aux Grenadines avec la caisse!

Que devriez-vous faire? Rebondir! Et, si vous doutiez un peu, prendre un rendez-vous chez un pro pour un petit bilan. (Sans passer par la case horoscope, car dans la situation, il serait obligatoirement mauvais… et il vaut mieux éviter les pensées négatives.)

Bien souvent, les protagonistes ne savent même pas ce qu'ils ont investi dans une relation. Ils le découvrent lorsqu'elle se rompt, au moment de l'indispensable bilan. Parfois, on aimerait pouvoir anticiper… mais nous avons, comme Œdipe, les yeux bandés.

Si nous diabolisons l'une des situations, ou au contraire si nous l'idéalisons, nous ne pouvons en faire le deuil et espérer un jour l'apaisement. Dans le premier cas, parce que nous renonçons à cette part de nous-mêmes qui a aimé cette situation, en nous amputant de ce que fut notre vie à un moment, de cet enthousiasme qui existait, quoi que nous en disions maintenant. Dans le deuxième cas, parce que nous restons attachés à un idéal qui n'existe pas, que nous inventons! C'est ce que Martin, qui idéalisait tant cet amour perdu avec Louise, avait conscientisé: «On ne quitte pas Dieu quand on l'a trouvé!» Effrayant.

Il arrive qu'après une rupture douloureuse certains soient atteints de crises de boulimie ou de folie. On en voit se jeter tête en avant dans des relations multiples, des relations d'un soir pour s'étourdir, se griser, remplir le vide. Certains écument les boîtes de nuit. Tout est bon pour se re-narcissiser, pour se prouver qu'on plaît encore. Certains, au contraire, effectuent une retraite dans le but de faire le point avec eux-mêmes dans le silence et le recueillement.

LA NOSTALGIE, NON ! LES SOUVENIRS, OUI !

On dit qu'il ne faut pas conserver les objets cassés, ceux auxquels il manque un morceau. La nostalgie serait de tenter de raccommoder ce qui n'existera plus jamais. Ce qui n'a même peut-être jamais existé !

La nostalgie est le luxe des poètes. La nostalgie c'est ressasser, ruminer, rêver à ce qui aurait pu être, et regretter. Alors que faire de cette mémoire ? Ben, des souvenirs tout doux, voyons !

Les faits ont existé, ils sont une part de nous-mêmes, et à ce titre, ils méritent des égards. Ils donnent du sens à notre vie. C'est l'histoire du palimpseste que nous évoquions plus haut. On n'oublie pas (même quand on le croit), on réécrit autre chose par-dessus. Même le rompu assommé réécrira un jour sa belle page sur le livre de sa vie toujours ouvert.

Lapalissade dernière ! Tout choix est périlleux ! Tout choix mérite un instant d'attention ! Certains prendront des risques, d'autres resteront immobiles… partiront pour se trouver… D'autres pour se perdre, se reperdre et se… retrouver. Certains resteront et s'en trouveront bien.

Puisque chacun doit écrire sa vie, souhaitons que le stylo soit bien encré, que nous puissions penser, comme le grand dramaturge Jean-Marie Koltès, qui écrivait à sa mère : « J'ai tout risqué, j'ai gagné. » Nous aimons ces deux verbes ici rapprochés. Risquer et gagner, car comme au jeu, qui ne risque rien n'a rien.

Vous pouvez vous étonner de notre peu d'empressement à glisser des maximes morales ou moralisatrices dans cet exposé. Nous n'avions d'aucune façon envie de donner notre version sur ces notions du bien et du mal. Nous avons simplement admis que ces choix étaient… choisis, et que, bons ou mauvais, nous devrions les assumer. Nous vous conseillons malgré tout la lecture rafraîchissante (vous rappelez-vous vos cours de philo ?) de l'opus *Ou bien, ou bien,* du philosophe Kierkegaard, qui vous donnera les arguments nécessaires pour la recherche d'une véritable éthique.

Quant à nous, nous essayons de garder le cap, de ne pas rougir de nos choix ! Nous avons été quelque peu insolentes et sarcastiques devant les non-choix de nos petits camarades ? Oui, c'est vrai, nous préférons choisir qu'attendre de l'être. Nous préférons faire en nous trompant que ne pas faire. Oui, nous recommandons toujours de prendre soin d'Autrui. C'est l'un des fondements de notre morale !

POUR CONCLURE…

Notre choix, dans cet opus, est de transmettre, de faire circuler les idées et les témoignages. Vous conseiller sert peu, il n'y a pas, en psychologie, de conseils adaptables à tous, chaque histoire est une et personnelle et nos choix s'y glissent. Pour autant, l'échange, l'étude de cas, est possible et fructueux. Vous avez trouvé en permanence, dans tous les chapitres, des remarques pour vous permettre de bien choisir, votre métier, votre prince… votre chemin. Nous n'avons pas rédigé un chapitre spécial pour vous donner un plan d'action… Vous devez être courageux et lire tout le livre au lieu de vous précipiter sur un mode d'emploi préfabriqué. Nous ne pouvons dire « faites ceci et non cela », car vous avez bien compris que si parfois il faut « faire ceci », « faire cela » ne sera pas non plus la catastrophe absolue. Nous savons que nos sociétés donnent peu de droits à l'erreur, et qu'elles veulent tous leurs gens alignés performants et à la bonne place. Nous n'avons guère cette vision et donnons à l'expérience la place de choix. L'expérience et le libre arbitre sont de bons ingrédients pour des choix qui deviendront de plus en plus adaptés. N'oubliez pas ces quelques points que nous reprenons sous forme de liste… utile.

– Ne croyez pas à la fatalité.
– Faites vos listes en toute honnêteté.
– Essayez de ne pas vous tromper de désir… mais de vous tromper parfois pour ensuite comprendre vos erreurs et ne pas les recommencer.
– Regardez comment votre Autre se débrouille, non pour l'imiter mais pour comprendre la nature humaine. Ce qui laisse supposer beaucoup de lectures, de films, de soirées au théâtre ou entre amis, pour apprendre ce qu'est la vie.

N'oubliez jamais que ce qui compte est… ce que l'on « fait » de ses choix, une fois qu'ils sont faits. Vos ennemies se nommeront alors frustration et culpabilité. Sur ces dernières, *frustration et culpabilité, il y a encore tout un livre à écrire.* Nous le ferons un jour, car ce sont deux coquines très empoisonnantes. La frustration est la résultante inévitable du choix. Nous avons vu que l'on pouvait apprendre à la vivre sans trop de peine. Elle s'impose à nous dès le choix accompli, puisque le vrai choix élimine toutes les autres possibilités. On retiendra ce beau poncif mille fois rabâché : *on ne peut tout avoir…* On y trouvera aussi une belle leçon de tolérance vis-à-vis des autres et de soi-même. Chacun a connu des expériences qui l'ont façonné plus ou moins tôt dans son existence. Chacun y a réagi en fonction de sa nature, de sa structure psychique. Certaines lui ayant paru bonnes, il a décidé de les conserver et donc de les revivre. D'autres ont été désagréables. Dès lors, il a peut-être décidé que l'immobilisme était ce qui lui allait le mieux, un immobilisme pur et dur, ou bien panaché d'un peu de tricherie, c'est selon… À moins qu'il n'ait pris carrément le contre-pied du conformisme, tant celui-ci l'étranglait. Il a choisi, parce qu'encore une fois, *c'est son choix* et il ne se discute pas, ne se juge pas. Essayons de regarder l'Autre vivre en se disant de la même façon « *c'est son choix* et je ne suis pas obligé d'être d'accord, mais c'est sans doute ce qui lui va le mieux ». Quant à la *culpabilité,* elle nous est propre, mais est réactivée par ceux, et ils sont nombreux, qui nous regardent. C'est une vieille connaissance qui nous tient la main dès que l'on est en mesure d'avoir un juste regard sur nos actes. Elle nous montre du doigt avec ses « Tu aurais pu » ; « Tu aurais dû ». Bien sûr qu'il est toujours possible de choisir de bien ou mal faire. Là encore, vis-à-vis de soi et vis-à-vis des autres. Elle n'aide pas, si elle est excessive, à être bien dans son image et dans sa peau. Elle conduit souvent à la dépression et à la dépréciation de soi. Doit-on dire qu'il faut être fier de ces mauvais choix ? Bien sûr que non ! Ils servent seulement de cuisantes leçons pour ne pas nous donner envie de recommencer.

La lourde responsabilité de choisir est notre gloire et notre tourment. Aujourd'hui, le choix est la vedette de tout ce travail.

Un choix que nous ne regrettons pas.

Bibliographie

Essais

ARENDT, Hannah. *La crise de la culture*, Paris, Folio essais, 1972.

BAJOIT, Guy. *Socioanalyse des raisons d'agir; Études sur la liberté du sujet et de l'acteur*, PUL, coll. Sociologie contemporaine, 2010.

BRUCKNER, Pascal. *Le paradoxe amoureux*, Paris, Grasset, 2009.

CHARPAK, Georges et Henri BROCH. *Devenez sorciers, Devenez savants*, Paris, Odile Jacob, 2002.

DUHAMEL, Georges. *Le temps de la recherche*, Paris, Paul Hartman, 1947.

FREUD, Sigmund. *Psychologie de la vie amoureuse*, Paris, Payot, 2010.

GIDE, André. *Les nourritures terrestres*, Paris, Gallimard, 1977.

JANKÉLÉVITCH, Vladimir. *L'irréversible et la nostalgie*, Paris, Flammarion, 1974.

JOULE, Robert-Vincent et Jean-Léon BEAUVOIS. *Petit traité de manipulation à l'usage des gens honnêtes*, PUG, 2002.

LABORIT, Henri. *Éloge de la fuite*, Paris, Robert Laffont, 1976.

LEVI, Primo. *Si c'est un homme*, Paris, Julliard, 1987.

LIMANN, Teodor. *Classé X, Petits secrets des classes prépa*, Paris, La Découverte, 2009.

MARCUSE, Herbert. *L'homme unidimensionnel*, Paris, Éditions de Minuit, 1968.

MORALDI, Véronique. *La fille de sa mère; De la difficulté des relations mère-fille*, Montréal, Éditons de l'Homme, 2006.

MORALDI, Véronique et Michèle GAUBERT. *La fille de son père; La relation père-fille: mode d'emploi*, Montréal, Éditons de l'Homme, 2011.

MORALDI, Véronique et Michèle GAUBERT. *N'ayez pas peur d'éduquer vos ados… Ce sont eux qui vous le demandent !* Montréal, Éditons de l'Homme, 2011.

PRECHT, Richard. *Qui suis-je et, si je suis, combien ?* Belfond, Paris 2010.

ROLLAND, Romain. *Le voyage intérieur*, Paris, Albin Michel, 1942.

SARTRE, Jean-Paul. *Huis clos*, Paris, Hatier, 1987.

SARTRE, Jean-Paul. *L'être et le néant*, Paris, Gallimard, 1976.

SCHWARTZ, Barry. *Le paradoxe du choix*, Michel Lafon, Paris 2006.

THOMAS, Chantal. *Casanova, un voyage libertin*, Paris, Le Livre de Poche, 1998.

VAILLANT, Maryse. *La répétition amoureuse*, Paris, Albin Michel, 2010.

VINCENT, Jean-Didier. *Biologie des passions*, Paris, Odile Jacob, 2009.

WALD LASOWSKI, Patrick. *Le grand dérèglement*, Paris, Gallimard, 2008.

WALD LASOWSKI, Patrick. *L'ultime faveur*, Paris, Le Promeneur, 2006.

BIOGRAPHIES

VIRCONDELET, Alain. *C'étaient Antoine et Consuelo de Saint-Exupéry*, Paris, Fayard, 2009.

ROMANS

CARRÈRE, Emmanuel. *L'adversaire*, Paris, POL, 2000.

CHAPSAL, Madeleine. *Une femme heureuse*, Paris, Fayard, 1995.

CHODERLOS DE LACLOS, Pierre. *Les liaisons dangereuses*, Paris, Le Livre de Poche, 2002.

COHEN, Albert. *Belle du Seigneur*, Paris, Gallimard, 1968.

CONNELLY, Michael. *La lune était noire*, Paris, Seuil, 2000.

DE MAUPASSANT, Guy. *Le horla et autres nouvelles fantastiques*, Paris, Le Livre de Poche Jeunesse, 2005.

DUBOIS, Jean-Paul. *Les accommodements raisonnables*, Paris, Éditons de l'Olivier, 2008.

FLAUBERT, Gustave. *L'éducation sentimentale*, Paris, Pocket, 2008.

HOUELLEBECQ, Michel. *La possibilité d'une île*, Paris, Fayard, 2005.

IRVING, John. *Je te retrouverai*, Paris, Seuil, 2006.
KAUFMANN, Jean-Paul. *La maison du retour*, Paris, Nil, 2007.
KENNEDY, Douglas. *L'homme qui voulait vivre sa vie*, Paris, Belfond, 2010.
LAPEYRE, Patrick. *La vie est brève et le désir sans fin*, Paris, POL, 2010.
LITTELL, Jonathan. *Les bienveillantes*, Paris, Gallimard, 2006.
MELVILLE, Herman. *Bartleby le scribe*, Paris, Gallimard, 1986.
MURAKAMI, Haruki. *1Q84*, Paris, Belfond, 2012.
ORSENNA, Erik. *Longtemps*, Paris, Fayard, 1998.
PAGNOL, Marcel. *La femme du boulanger*, Paris, De Fallois, 1988.
QUIGNARD, Pascal. *Villa Amalia*, Paris, Gallimard, 2006.
ROTH, Philip. *La tache*, Paris, Gallimard, 2002.
SIGAUD, Dominique. *Franz Stangl et moi*, Paris, Stock, 2011.
STYRON, William. *Le choix de Sophie*, Paris, Gallimard, 1981.
ZOLA, Émile. *La curée*, Paris, Pocket, 2009.

THÉÂTRE

CORNEILLE, Pierre. *Le Cid*, Classiques Larousse, 1976.
CORNEILLE, Pierre. *Héraclius, Théâtre,* Tome 3, Paris, Flammarion, 2006.
GIRAUDOUX, Jean. *Électre*, Paris, Le Livre de Poche, 1998.
RACINE, Jean. *Iphigénie*, Paris, Hachette, 1976.
RACINE, Jean. *Phèdre*, Paris, Le Livre de Poche, 1985.
SHAKESPEARE, William. *Macbeth*, Paris, Éditions 84, 2006.
SOPHOCLE. *Antigone*, Paris, Le Livre de Poche, 2002.

CINÉMA

EASTWOOD, Clint. *Sur la route de Madison*, 1995.
CORSINI, Catherine. *Partir*, 2008.
GARCIA, Nicole. *L'adversaire*, 2001.
HAZANAVICIUS, Michel. *The Artist*, 2011.
JACQUOT, Benoît. *Villa Amalia*, 2009.
LARTIGAU, Éric. *L'homme qui voulait vivre sa vie*, 2010.
LEWKOWICZ, Katia. *Pourquoi tu pleures ?*, 2011.
MELVILLE, Jean-Pierre. *L'armée des ombres*, 1969.

MORETTI, Nanni. *Habemus papam*, 2011.
PAGNOL, Marcel. *La femme du boulanger*, 1938.
PAKULA, Alan J. *Le choix de Sophie*, 1982.
POLLACK, Sydney. *Out of Africa*, 1985.
ROBBINS, Jerome et Robert WISE. *West Side Story*, 1961.
SIMON, Claire. *Les bureaux de Dieu*, 2008.
VAN DORMAEL, Jaco. *Toto le héros*, 1991.
ALLEN, Woody. *Match Point*, 2005.

OPÉRA

WAGNER, Richard. *Le Ring*.

OPÉRA ROCK

BERGER, Michel et Luc PLAMONDON. *Starmania*.

CHANSONS

AZNAVOUR, Charles. *Comme ils disent*, 1972.
BALAVOINE, Daniel. *Le chanteur*, 1978.
BRASSENS, Georges. *La ballade des gens qui sont nés quelque part*, 1972.
BREL, Jacques. *Les vieux amants*, 1967.
GAINSBOURG, Serge. *Je suis venu te dire que je m'en vais*, 1973.
MOUSTAKI, Georges. *Ma liberté*, 1969.
PERRET, Pierre. *Lily*, 1977.
VIAN, Boris. *Le déserteur*, 1954.

Notes

Chapitre 1

1. Pierre Corneille, *Héraclius, Théâtre,* Tome 3, Paris, Flammarion, 2006.
2. Sophie Fontanel, *L'envie,* Paris, Robert Laffont, 2011.
3. Rubrique « De Fonelle à Bianca » du magazine *Elle*.
5. Jean-Paul Dubois, *Les accommodements raisonnables,* Paris, Éditions de l'Olivier, 2008.
5. Nous avons féminisé le propos, mais nos amis les hommes ne sont pas exclus pour autant. En général, leurs achats sont plus conséquents et de ce fait plus dangereux : téléviseurs, voitures, vacances…
6. Il se peut que votre grande capacité d'adaption vous entraîne à trouver les bonnes solutions pour pallier les inconvénients du cyclone. (Le chef des sapeurs pompiers qui travaillent à nettoyer la plage avait un torse de rêve.)
7. Jean-Didier Vincent, *Biologie des passions,* Paris, Odile Jacob, 2009.
8. Jean Racine, *Phèdre,* Paris, Le Livre de Poche, 1985.
9. Albert Cohen, *Belle du Seigneur,* Paris, Gallimard, 1968.
10. Véronique Moraldi et Michèle Gaubert, *La fille de son père ; La relation père-fille : mode d'emploi,* Montréal, Éditions de l'Homme, 2011 et Véronique Moraldi, *La fille de sa mère ; De la difficulté des relations mère-fille,* Montréal, Éditions de l'Homme, 2006.
11. Dominique Baqué, *E-love,* Paris, Anabet, 2008.
12. *Star Académie* au Québec.

13. Abréviation pour « École normale supérieure », établissement français d'enseignement supérieur.
14. Teodor Limann, *Classé X, Petits secrets des classes prépa*, Paris, La Découverte, 2009.
15. *Le déserteur*, chanson de Boris Vian, 1954.
16. William Styron, *Le choix de Sophie*, Paris, Gallimard, 1981. Voir le film éponyme d'Alan J. Pakula, inspiré du roman (1982).
17. Jonathan Littell, *Les bienveillantes*, Paris, Gallimard, 2006.
18. Herbert Marcuse, *L'homme unidimensionnel*, Paris, Éditions de Minuit, 1968.
19. À la suite du scandale du Watergate, le président des États-Unis Richard Nixon a dû démissionner.
20. *Le Nouvel Observateur*, 15 mars 2012.

Chapitre 2

1. Romain Rolland, *Le voyage intérieur*, Paris, Albin Michel, p. 141.
2. Jean-Paul Sartre, *L'être et le néant*, Paris, Gallimard, 1976.
3. Hannah Arendt, *La crise de la culture*, Paris, Folio essais, 1972.
4. Richard Precht, *Qui suis-je et si je suis combien ?*, Paris, Belfond, 2010.
5. *La fille de son père, op. cit.*
6. L'indic est celui qui cafte, non ?
7. Maryse Vaillant, *La répétition amoureuse*, Paris, Albin Michel, 2010.
8. Les hommes peuvent être aussi intuitifs que les femmes, ils sont d'ailleurs souvent meilleurs au poker !
9. Georges Charpack et Henri Broch, *Devenez sorciers, Devenez savants*, Paris, Odile Jacob, 2002.
10. *Ibid.*
11. Horoscope du magazine *Elle*, n° 3421.
12. *Devenez sorciers, Devenez savants, op. cit.*
13. Principal indice boursier de la Bourse de Paris.
14. Donald Redelmeir et Robert Tibshirani, à l'occasion d'une étude publiée dans la revue *Nature*.

15. Pierre Barthélémy, dans la chronique « Improbabologie », du journal *Le Monde.*
16. Georges Duhamel, *Le temps de la recherche,* Paris, Paul Hartman, 1947.
17. Le nom Ulysse se traduit par « tourmenté ».
18. Vladimir Jankélévitch, *L'irréversible et la nostalgie,* Paris, Flammarion, 1974.

Chapitre 3

1. *Ma liberté,* paroles et musique de Georges Moustaki.
2. Sigmund Freud, *Psychologie de la vie amoureuse*, Paris, Payot, 2010.
3. Jean-Paul Dubois, *Les accommodements raisonnables, op. cit.*
4. *Toto le héros,* film de Jaco Van Dormael, 1991.
5. Lire *La tache,* un très beau roman de Philip Roth, Paris, Gallimard, 2002.
6. Nous suggérons une reproduction de cette œuvre au dos de la carte de crédit. Nous rappellera-t-elle qu'il faut résister ?
7. Barry Schwartz, *Le paradoxe du choix,* Paris, Michel Lafon, 2006.
8. *Ibid.*
9. Le PACS (Pacte civil de solidarité) est une forme d'union civile, en France.
10. John Irving, *Je te retrouverai,* Paris, Seuil, 2006.
11. Dominique Baqué, *E-Love,* Paris, Anabet Éditions, 2008.
12. Antonio Castillo, *Les liaisons numériques,* Paris, Seuil, 2010.
13. Une triste affaire qui a secoué la France en 1991, dite « affaire du sang contaminé » par le virus du SIDA, qui a été transfusé à une population d'hémophiles, entre 1984 et 1985.
14. Le Mediator est un médicament prescrit pour le diabète qui s'avère fort dangereux dans son usage détourné, pour traiter l'obésité.
15. Patrick Wald Lasowski, *Le grand dérèglement,* Paris, Gallimard, 2008 et *L'ultime faveur*, Paris, Le Promeneur, 2006.
16. Chantal Thomas, *Casanova, un voyage libertin*, Paris, Le Livre de Poche, 1998.

Chapitre 4

1. *Comme ils disent*, chanson de Charles Aznavour, 1972.

Chapitre 5

1. Guy Bajoit, *Socioanalyse des raisons d'agir. Études sur la liberté du sujet et de l'acteur*, Presses de l'Université Laval, coll. Sociologie contemporaine, 2010.
2. Robert-Vincent Joule et Jean-Léon Beauvois, *Petit traité de manipulation à l'usage des gens honnêtes*, PUG, 2002.
3. *The Artist*, film de Michel Hazanavicius, 2011.
4. Robert-Vincent Joule et Jean-Léon Beauvois, *Petit traité de manipulation à l'usage des gens honnêtes, op. cit.*
5. *L'homme qui voulait vivre sa vie*, film d'Éric Lartigau, 2010, tiré du roman éponyme de Douglas Kennedy, Paris, Belfond, 2010.
6. Henri Laborit, *Éloge de la fuite*, Paris, Robert Laffont, 1976.
7. Relire à ce propos *Le lamento du jardinier*, dans l'*Électre* de Giraudoux : « Évidemment, rien ne va jamais, rien ne s'arrange jamais, mais parfois avouez que cela va admirablement, que cela s'arrange admirablement. »
8. *Le blues du businessman*, une des chansons de l'opéra rock franco-québécois *Starmania*, de Michel Berger et Luc Plamondon, créé en 1978.

Chapitre 6

1. Michael Connelly, *La lune était noire*, Paris, Seuil, 2000.
2. Haruki Murakami, *1Q84*, Paris, Belfond, 2012.
3. *Villa Amalia, op. cit.*
4. Un symbole que nous apprécions : elle jette le tube de Lexomil, un médicament anxiolytique et tranquillisant, en lui disant un « Adieu » souriant.
5. L'idole de la *Beat generation*.
6. Erik Orsenna, *Longtemps*, Paris, Fayard, 1998.
7. Sandgate, camp français où les migrants attendent la possibilité de partir vers l'Angleterre.

8. *West Side Story* est un film musical américain de Jérôme Robbins et Robert Wise, sorti en 1961.
9. *Lily*, chanson de Pierre Perret, paroles et musique, 1977.
10. Véronique Moraldi, Michèle Gaubert, *La fille de son père;* et Véronique Moraldi, *La fille de sa mère, op. cit.*
11. «Je préférerais ne pas» ou «je préfère ne pas», selon les traductions, est une formule unique, inventée par Herman Melville dans son roman *Bartleby le scribe,* paru en 1853, Paris, Gallimard, 1986.
12. Les curieux qui veulent en savoir plus doivent lire le célèbre travail de Gilles Deleuze.
13. Pascal Bruckner, *Le paradoxe amoureux, op. cit.*
14. Choderlos de Laclos, *Les liaisons dangereuses,* Paris, Le Livre de Poche, 2002.
15. *Liberté,* de Paul Éluard, in *Poésie et vérité*, 1942.
16. Gustave Flaubert, *L'éducation sentimentale*, Paris, Pocket, 2008.
17. Lire à ce propos la passionnante biographie d'Alain Vircondelet, *C'étaient Antoine et Consuelo de Saint-Exupéry,* Paris, Fayard, 2009.
18. Cette tragédie a donné lieu à un livre d'Emmanuel Carrère, *L'adversaire,* Paris, POL, 2000 et au film éponyme de Nicole Garcia, 2001.
19. Affaire Xavier de Ligonnes.
20. *Partir,* un film de Catherine Corsini, 2008.
21. On ne dit pas non plus qu'ils doivent servir de serpillière et être maltraités, mais rompre, non! Lire pour s'en convaincre nos opus: Véronique Moraldi et Michèle Gaubert, *N'ayez pas peur d'éduquer vos ados... Ce sont eux qui vous le demandent!* Montréal, Éditions de l'Homme, 2010 et Véronique Moraldi, *La fille de sa mère, op. cit.*
22. Véronique Moraldi, Michèle Gaubert, *La fille de son père, op. cit.*

Remerciements

Nous remercions la formidable équipe des Éditions de l'Homme ; Erwan, Pascale, Fabienne, tous ceux qui, de la Belle Province, nous aident à mener notre livre à bon port, sans oublier Cecilia et Mary, nos meilleures ambassadrices françaises, et bien sûr, tous ceux qui nous livrent leurs témoignages avec tant de confiance et de simplicité.

Table des matières

DÉJÀ PARUS

Véronique Moraldi
et Michèle Gaubert
La fille de son père
La relation père-fille : mode d'emploi

Véronique Moraldi
Michèle Gaubert
N'ayez pas peur d'éduquer vos ados...
Ce sont eux qui vous le demandent !

Véronique Moraldi
Le fils de sa mère
De la force du lien mère-fils

Véronique Moraldi
La fille de sa mère
De la difficulté des rapports mère-fille

VÉRONIQUE MORALDI
GARDEZ-VOUS D'AIMER UN PERVERS

Suivez-nous sur le Web

Consultez nos sites Internet et inscrivez-vous à l'infolettre pour rester informé en tout temps de nos publications et de nos concours en ligne. Et croisez aussi vos auteurs préférés et notre équipe sur nos blogues !

EDITIONS-HOMME.COM
EDITIONS-JOUR.COM
EDITIONS-PETITHOMME.COM
EDITIONS-LAGRIFFE.COM

MARQUIS
Marquis imprimeur inc.

Québec, Canada
2012

Achevé d'imprimer au Canada
sur papier Enviro 100% recyclé

100%
BIO GAZ